COORDENAÇÃO EDITORIAL
Chileno Gómez

HISTÓRIAS IMPORTANTES DEMAIS PARA FICAREM NO ANONIMATO

© LITERARE BOOKS INTERNATIONAL LTDA, 2023.
Todos os direitos desta edição são reservados à Literare Books International Ltda.

PRESIDENTE
Mauricio Sita

VICE-PRESIDENTE
Alessandra Ksenhuck

DIRETORA EXECUTIVA
Julyana Rosa

DIRETORA COMERCIAL
Claudia Pires

DIRETORA DE PROJETOS
Gleide Santos

EDITOR
Enrico Giglio de Oliveira

EDITOR JÚNIOR
Luis Gustavo da Silva Barboza

ASSISTENTE EDITORIAL
Felipe de Camargo Benedito

REVISORES
Leonardo Andrade e Margot Cardoso

DESIGN EDITORIAL
Lucas Yamauchi

CAPA
Edvam Pontes

IMPRESSÃO
Gráfica Paym

Dados Internacionais de Catalogação na Publicação (CIP)
(eDOC BRASIL, Belo Horizonte/MG)

H673　Histórias importantes demais para ficarem no anonimato / Coordenador Chileno Gómez. – São Paulo, SP: Literare Books International, 2023.
144 p. : 14 x 21 cm

Inclui bibliografia
ISBN 978-65-5922-704-4

1. Crônicas brasileiras. 2. Literatura brasileira – Coletânea. I. Gómez, Chileno.

CDD B869.3

Elaborado por Maurício Amormino Júnior – CRB6/2422

LITERARE BOOKS INTERNATIONAL LTDA.
Rua Alameda dos Guatás, 102
Vila da Saúde — São Paulo, SP. CEP 04053-040
+55 11 2659-0968 | www.literarebooks.com.br
contato@literarebooks.com.br

Os conteúdos aqui publicados são da inteira responsabilidade de seus autores. A Literare Books International não se responsabiliza por esses conteúdos nem por ações que advenham dos mesmos. As opiniões emitidas pelos autores são de sua total responsabilidade e não representam a opinião da Literare Books International, de seus gestores ou dos coordenadores editoriais da obra.

SUMÁRIO

PREFÁCIO
Chileno Gómez

FASES PSICOSSEXUAIS NA FORMAÇÃO DA PERSONALIDADE
Chileno Gómez

CONTO E CONTOS
Agenor Brandalise

QUIMERA
André L. J. Jarcovis

SOMBRAS DO PASSADO
Andréa Araújo

UMA EMPRESA EM SÉRIAS DIFICULDADES FINANCEIRAS
Antonio Salvador Morante

COLCHA DE RETALHOS
Cássia Cristina da Silva

DA PEQUENA BURITI À "BIG APPLE"
Cidinho Marques

CORAGEM PARA SER FELIZ
Claudia Sabbatino

O DIREITO SISTÊMICO E A MEDIAÇÃO COMO FORMAS ALTERNATIVAS DE SOLUÇÃO DE CONFLITOS
Débora de Fatima Colaço Godoy

A TESTEMUNHA IMPROVÁVEL
Domingos Sávio Zainaghi

113 ATITUDE, COERÊNCIA E ESTRATÉGIA: 3 PILARES PARA TRANSIÇÕES DE SUCESSO
Gizelia Bernardes

123 OS "NÃOS" DA VIDA NOS ENSINAM
Marcelo Simonato

133 VIVÊNCIAS PROFUNDAS NA UNIDADE DE SAÚDE EM TEMPOS DE PANDEMIA
Simone Lopes

PREFÁCIO

Não seja feliz!

Não, você não leu errado. Por que nos causa tanto desconforto a frase "não seja feliz"? Por um simples motivo: você e eu fomos criados com a ideia contrária. Desde que nascemos, aprendemos que devemos buscar a felicidade, devemos crescer, estudar, arrumar um bom emprego, casar, ter filhos e ser felizes. Tudo tão fácil e perfeito que soa até utópico (chego a desconfiar que realmente é). Vejamos porque não devemos buscar a felicidade.

Comecemos conceituando o que é felicidade. Segundo o dicionário, felicidade é "qualidade ou estado de feliz; estado de uma consciência plenamente satisfeita; satisfação, contentamento, bem-estar".

Busquemos um conceito mais filosófico sobre o que é felicidade. Para o filosofo Baruch Spinoza, do século XVII, felicidade é a passagem para um estado mais potente de si mesmo. Quando estamos felizes, temos mais de nós em nós mesmos, mas, se ficamos tristes, temos menos de nós em nós mesmos.

Usemos a definição de Spinoza para conceituarmos felicidade. Assim, a felicidade plena, como nos é ensinado a buscar, é uma impossibilidade ontológica. Se ser feliz é um estado de mais potência de nós em nós mesmos, não podemos ser felizes o tempo todo. A felicidade é o nome que se dá aos picos de potências por nós alcançados.

No século XVIII, o filósofo alemão Immanuel Kant fará uma reflexão sobre a felicidade. Dirá que absolutamente nada na natureza é em vão. Tudo na natureza e no universo possui o seu *télos*. Sendo assim, a capacidade de pensar do homem impossibilita a felicidade. Para Kant, quanto mais pensamos, ou deliberamos, maior o poder de problematização. Sendo assim, os animais nasceram para serem felizes e não o homem.

Um século após Kant, o também filósofo alemão Friedrich Nietzsche dirá que buscar a felicidade é niilismo. O prefixo NI vem do latim e quer dizer negação. Niilismo seria negação de valores ou ideais. Contudo Nietzsche usa o conceito de niilismo de forma contrária à convencional. Chama de niilista quem se apega a qualquer conceito moral ou ideológico a fim de atingir um fim esperado. O niilista nega a vida real e o mundo como ele é de verdade para viver em função de um ideal inalcançável.

Vivemos em um mundo que nos impõe o que devemos buscar, o que devemos valorizar e como devemos ser felizes. Tenha isso, tenha aquilo, conquiste isso, conquiste aquilo. Se você não tiver tal emprego, ou tal renda, nunca será feliz ou realizado. Se você não casar e não tiver filhos, se seus filhos não estudarem em tal lugar e *blá, blá, blá*. Simplesmente assim, somos doutrinados sobre o que desejar, o que buscar e o que ser desde pequenos. Contudo, essa doutrinação está baseada no consumo. Não precisa ser muito esperto para entender que a indústria NUNCA deixará que as pessoas estejam satisfeitas. Claro que não, seria ruim para os negócios. Basta ver os altos índices de depressão e suicídio entre pessoas com fama, sucesso e dinheiro. Nada será o suficiente para satisfazer a ideia de felicidade imposta a nós.

O filósofo, professor e doutor Clóvis de Barros Filho diz: "O mundo é infinitamente mais entristecedor do que alegrador". Essa declaração é de uma lucidez gritante. Veja bem, a partir do momento em que nos damos conta de que as possibilidades de nos entristecermos são infinitamente maiores do que a de nos alegrarmos, paramos de esperar o "ser felizes o tempo todo". Quando paramos de buscar a felicidade o tempo inteiro, não só paramos de nos decepcionar, como também passamos a aceitar as tristezas de maneira mais natural. Paradoxalmente, somos menos tristes. Ainda podemos dizer que, ao deixar de buscar a felicidade, acabamos sendo mais felizes.

Ou seja, ser feliz na vida não é deixar de ter tristezas e estar a todo tempo em êxtase e alegria. Ser feliz é o resultado de uma equação positiva entre momentos alegres e momentos tristes. Como assim?

Quanto mais naturalmente aceitarmos que as coisas ruins irão acontecer de maneira desproporcionalmente maior do que as alegres em nossas vidas, menos sofreremos com elas. Ao passo que quando deixamos de sofrer com coisas ruins, valorizamos muito mais os momentos alegres. O pai da psicanálise, Sigmund Freud, diz que "toda frustração é fruto de uma expectativa criada". Outro fator extremamente importante é que, ao pararmos de buscar a felicidade, deixamos de nos frustrar quando ela não ocorre, aumentando mais um fator positivo em nossa equação. Em síntese, paramos de nos frustrar e começamos a aceitar coisas ruins como inevitáveis e cotidianas. Valorizamos cada momento de alegria como único e irrepetível, resultado dos ineditismos de nossos encontros com o mundo. Quando conseguirmos minimizar a importância das tristezas e maximizar as alegrias, sem esperar disso uma satisfação plena, aí poderemos dizer: somos felizes.

A obra que tenho a honra de prefaciar e de ser coautor, propõe, pretensiosamente, levar você ao estado de pico de mais você em você, ou seja, pretende levá-lo ao estado de felicidade. O filósofo grego do III século a.C., Epicuro, ao falar sobre o tempo, diz que somos incapazes de conhecer e definir o tempo. A única coisa que nos é possível é perceber o tempo, e a única maneira de perceber o tempo é por meio do prazer. Ou você tem prazer no que está fazendo e o tempo voa, ou não sente prazer e o tempo se arrasta a passar.

Espero que a obra que me apresento agora, o leve a uma incapacidade da percepção do tempo, de forma que ele passe voando durante sua leitura, e que, ao terminar, você possa dizer: "Fui feliz enquanto lia este livro".

Chileno Gómez

FASES PSICOSSEXUAIS NA FORMAÇÃO DA PERSONALIDADE

Segundo Freud, as fases psicossexuais são extremamente importantes na formação da personalidade da criança. Para o pai da psicanálise, o libido, ou seja, o desejo de prazer, se manifesta em diversos órgãos na primeira e segunda infância. A maneira que os pais lidam com cada fase determinará um aspecto da personalidade dessa criança quando adulta. Podendo desenvolver comportamentos bons ou ruins. Ao ler o capítulo, você será capaz de identificar em qual fase uma criança que você conhece está, ou qual dessas fases de sua infância lhe foi peculiar. É assustador quando nos damos conta de coisas que pareciam tão óbvias e nós não nos damos conta até que se nos apontem. Venham conosco nessa viagem rumo ao conhecimento.

CHILENO GÓMEZ

Chileno Gómez

É empresário há mais de 20 anos. Foi, por quase 20 anos, atleta de boxe e jiu-jitsu. Formado em Filosofia, têm diversas pós-graduações, como Ciências Políticas, Teologia, Psicanálise, entre outras. Autor do best-seller *O Deus da filosofia. Deus existe?*. Mestrando em Psicanálise e integrante da IIS (Infinity International Society). Tem por objetivo de vida proporcionar conhecimento de qualidade de modo acessível e descomplicado para quem busca o bom pensar. Entendeu ser, a educação, a única forma real de transformação saudável de uma sociedade, buscando sempre a excelência.

Contatos
Instagram: @chilneonomez_
LinkedIn: Chileno Gómez

"Ele já tem dois anos, temos que tirar a chupeta". Essa era a frase que eu ouvia repetidamente da minha mulher, indignada por eu não querer forçar meu filho a largar a chupeta de "supetão". Para embasar seu argumento, ela dizia: "Os dentes ficarão tortos, ele terá de usar aparelho". Eu dizia em resposta: "Mais fácil corrigir os dentes do que a personalidade, pergunte a um psicólogo". Nesse embate, lembrei-me de Freud e de como ele postula a formação das fases psicossexuais no desenvolvimento da personalidade da criança até a fase adulta. Sendo minha sogra psicóloga e eu psicanalista, fica mais fácil argumentar com minha mulher no que tange às teorias freudianas de formação da personalidade. Sendo assim, fomos pesquisar o que o maior pensador sobre a *psiquê* humana diz a respeito do tema.

Segundo Freud, as fases psicossexuais são extremamente importantes na formação da personalidade da criança. A energia libidinal, libido, ou desejo de prazer se direciona às zonas erógenas, variando de acordo com a fase em que a criança se encontra. Embora as fases não sejam fixas e "engessadas", em geral, elas ocorrem em uma ordem cronológica. Podendo, porém, manifestar-se em ordem diferente da convencional.

A primeira fase, geralmente do nascimento aos dois anos, é a fase oral. Na fase oral, a criança tem como fonte primária de satisfação do prazer a boca. A primeira coisa que erotizamos na vida é a mãe e o seio dela. É nossa primeira fonte de prazer e diminuição do desconforto. Além da amamentação, a criança conhece o mundo pela boca. Por essa causa, ela leva tudo o que encontra à boca. Essa energia libidinal direcionada à boca caracteriza-a então como a primeira zona erógena. Não é o leite que acalma a criança, se não, a chupeta a deixaria mais irritada. O movimento de sucção ativa a libido que está na boca na fase oral. Nesse início de vida, a criança não consegue distinguir que ela é um ser separado da mãe. Melaine Klein, discípula de Freud e grande estudiosa de crianças, estabelece o conceito de seio bom e seio mal. O seio da mãe é bom quando está perto e acessível – nesse momento, a criança ama muito a mãe; e o seio será mal quando estiver longe e inacessível – nessa hora, ela nutre raiva da mãe por não satisfazê-la. Adultos com problemas relacionados à boca, como comer muito, beber, fumar, falar demasiadamente e outros, podem ter tido problemas na fase oral.

A segunda fase é a fase anal; geralmente começa aos dois anos e vai até os quatro anos. Nessa hora, a libido, que estava na boca, se desloca para o ânus. Mas a criança sente prazer pelo ânus? Sim, o ânus passa a ser a fonte de prazer, pelo controle dos esfíncteres. A criança usufrui do prazer de controlar seus dejetos, não só de excreção como também de micção. É extremamente comum, nessa fase, a criança ter dias de constipação, preocupando a mãe pela falta de excrementos. Porém, é só o inconsciente testando a sua capacidade de controle dos esfíncteres. Quanto tempo ela consegue segurar o "xixi" e o "cocô" por conta própria. É também na fase anal que ela se dá conta de que não é o centro de tudo, e que sua mãe é um ser autônomo a ela. É nesse momento que a criança se dá conta do outro. Além disso, ela já fala. Sendo assim, muitos pais cometem o erro de achar que ela já compreende todas as articulações da língua, como ironias ou mensagens nas "entrelinhas". A criança ainda não possui cognição suficiente para perceber mensagens não claras. Dessa forma, ela encara tudo de modo literal, e a fixação é feita desse modo. É perfeitamente normal, na fase anal, o desenvolvimento do "egoísmo". É importante para a criança se dar conta de si no mundo e do que pertence a ela. Problemas na fase anal podem gerar adultos extremamente competitivos, manipuladores, possessivos e que querem acumular muitas posses, entre outras características.

Como terceira fase psicossexual, temos a fase fálica. É na fase fálica que a criança se dá conta dos seus órgãos sexuais. Não só do seu sexo, como dos demais. Nesse momento, ela significa o sexo oposto e a relação entre eles. É nessa fase que começam os "porquês". A criança quer entender o mundo e suas diferenças, já que se deu conta de que cada ser é diferente um do outro. Nessa idade, a criança pode perguntar "por quê?" até 400 vezes em um único dia. Na fase fálica, aparecerá o complexo de Édipo, em que o filho deseja tomar o lugar do pai com relação à mãe e a filha o lugar da mãe com relação ao pai. É muito comum, nessa fase, ouvirmos das crianças: "quando crescer, vou casar com meu pai, ou, vou casar com a minha mãe", dependendo de sexo da criança. Tendo eu dois filhos, hoje um com sete anos e outro com dez, vejo claramente como o complexo de Édipo se desenvolveu e acabou. No início do Édipo o menino quer tomar o lugar do pai, pois deseja o amor da mãe. Começa a dizer frases como: "papai, quando eu crescer vou ser mais forte do que você". É extremamente importante, nessa hora, que o pai faça uma "castração" simbólica no filho. "Filho, a mamãe é mulher do papai, quando você crescer, terá sua mulher" ou "o papai não pode se casar com você, filha, já sou casado com a mamãe, quando você crescer, terá seu marido". Quando o pai se posiciona, o filho ou filha se dá conta de que não irá conseguir tomar o lugar do pai ou da mãe e começa uma figura projetiva. Aí frases como "quando crescer, quero ser igual a você, papai" passam a substituir as frases anteriores de posse da mãe. É interessante notar como o menino, em especial, pode desenvolver um sentimento de superioridade para com a mãe. Como ele tem um pênis, e percebe que a mãe não o tem, surge um sentimento ambíguo. O sentimento de superioridade por ter algo que a mãe não tem, e surge o medo da castração. Medo de perder o pênis assim como a mãe, pois ele crê que todos nascem com um pênis. É comum, nessa fase, ver crianças se masturbando ou manipulando as genitálias. Essa masturbação não tem conotação sexual, a criança está apenas experimentando novas sensações. Ao final da fase fálica, a criança parece perder o interesse na sexualidade e a disputa com o pai é amenizada, no caso dos meninos; ou com a mãe, no caso das meninas. Adultos extremamente narcísicos ou com fixação em uma das duas fases anteriores podem ter tido problemas na fase fálica. É nessa fase, também, que se desenvolve a perversão. Notem que, na fase fálica, quem regula a sexualidade da criança é o posicionamento do pai, seja o filho menino ou menina. Essa postura da figura paterna é extremamente importante para o desenvolvimento de uma personalidade saudável e sem grandes traumas. (É claro que, hoje em dia, muitas famílias não têm o pai presente. Nesse caso, o subconsciente da criança elegerá sempre uma figura masculina como referência de figura paterna. Às vezes um tio, um avô, um professor ou qualquer outro. Não dá para a mãe ser os dois ao mesmo tempo).

A quarta fase é o período de latência, que é caracterizado por um intervalo no desenvolvimento sexual e das sensações antes experimentadas.

A libido, que antes estava na boca, depois no ânus e, posteriormente, no órgão genital, dá uma acalmada e, aparentemente, desaparece por um tempo. Nessa fase, a criança desenvolve o amor homossexual. Como assim? É nessa fase que os meninos só querem ficar com os meninos e as meninas só com as meninas. É o amor pelo igual. É perfeitamente normal, nessa fase, a rejeição ao sexo oposto, valorizando assim o social com os do mesmo sexo, quando nascem os "clubes da Luluzinha e do Bolinha". (Clube da Luluzinha e do Bolinha é uma referência a um desenho dos anos 1980, em que as meninas só queriam ficar com as meninas e os meninos com os meninos. Era a guerra dos sexos na fase de latência em forma de desenho televisivo). É no período de latência que a criança volta sua energia libidinal para o social. É muito importante, nessa fase, a introdução ao esporte e ao convívio de outras crianças. Em geral, é quando começa a idade escolar e a criança pode experimentar o convívio social sem a presença dos pais, desenvolvendo assim o seu EGO. Não é costumeiro ver fixação à fase de latência, por ser um período de intervalo nas pulsões sexuais.

A quinta e última fase é a genital; ela se estabelece desde a adolescência e continua na vida adulta. É na fase genital que o aparelho sexual fica pronto e inicia-se a adolescência. Adolescência, do latim *adolescere*, é um "adoecimento" – crescer com dores. É nessa fase que o jovem tem três grandes lutos. O luto das brincadeiras da infância, o luto do corpo de criança e o luto dos pais da infância. Ele deseja brincar ainda, porém não é mais aceito socialmente que o faça, pois já é quase um adulto. Ele não se reconhece mais no seu próprio corpo, pois as mudanças são repentinas e abruptas. De repente, a voz muda, os pés e orelhas crescem muito mais, aparecem os pelos pubianos por todo o corpo e, no caso das meninas, aparecem os seios. O adolescente já não se reconhece no espelho. Finalmente, ele precisa "matar" os pais da infância para que possa desenvolver sua autonomia para com o mundo e construir sua identidade. Por que ele precisa matar os pais da infância? Porque esses pais são idealizados. A mãe é a mulher mais linda e mais perfeita do mundo. O pai é o homem mais forte, inteligente e perfeito do mundo. Quando, finalmente, a criança entra na fase genital e se torna um adolescente, olha para a mãe e percebe que ela é só mais uma mulher, que erra como qualquer outra. Quando o adolescente olha para o pai, percebe que é só mais um homem normal, que erra como qualquer outro. Ele precisa "matar" esses pais idealizados para que surja como um indivíduo autônomo e saudável na sociedade, e não um adulto infantilizado e regredido. Um exemplo de quem não "mata" os pais da infância são os psicopatas. Por isso, a fase genital é conhecida pela rebeldia, pelo afrontamento, pelos medos e pelas aflições. Quando há ocorre algum problema em uma das fases de desenvolvimento psicossexual, ocorre o que a psicanálise chama de fixação. A criança fixa um ponto de referência antes do trauma. Após a adolescência, em situações em que se sente acuado ou inseguro, o adulto faz uma regressão ao ponto de fixação em busca da segurança e do conforto marcados na infância.

Sendo assim, só nos resta a pergunta: "É mais fácil arrumar os dentes ou a personalidade?". Portanto, deixe-o chupar sua chupeta enquanto ainda estiver na fase oral. Um bom desenvolvimento da personalidade fará da criança um adulto confiante e estável psíquica e emocionalmente.

02

CONTO E CONTOS

O que é envelhecer? Envelhecer com saúde, com empatia, com simpatia, fugindo do envelhecimento não saudável. A saúde, principalmente a mental, depende do que nós pensamos, do que nós temos como crenças, dos nossos valores, das nossas lembranças, das nossas memórias, isso é viver uma saúde mental alegre e cuidando dos pensamentos. Isso deve ser um hábito.

AGENOR BRANDALISE

Agenor Brandalise

Empresário, treinador, palestrante, com formação em Meta *Coach* Neurociência; Psicodrama Pedagógico. Renascedor formado pelo Instituto Osho/Índia; *master coach* formado pela Sociedade Brasileira de Coaching; *eneacoaching* formado pela Escola de Transformação Iluminatta; *master practitioner* formado pela SBPNL e SIPNL; analista comportamental e DISC formado pela Innermetrix; constelação sistêmica formado pela UDEC; *master trainer*, treinador dos treinadores da *Dale Carnegie Course* formado pela Carnegie University, USA; analista HDI – formado pelo Instituto Lemann; *Coaching* Despertando o Guerreiro pelo Condor Blanco-Chile; Yoga Nidra formado pelo Asharam Oncarananda Rishekesh-Índia; *Coaching* Ontológico pelo Instituto Renzo-Cuzco Peru; *master coach* formado pelo INAP e Michael Hall.

Contatos
comercial@agebran.com.br
41 99881 4344

Envelhecer, envelhecendo.
Desde o dia em que nascemos, começamos a envelhecer, ficando mais caducos a cada dia.
Todos os dias de nossas vidas estamos envelhecendo. Envelhecer é inevitável.
Então o pega para capar é: você e eu vamos envelhecer com qualidade? Vamos envelhecer saudavelmente? Com energia e vitalidade? Com alegria e amor no coração, com empatia?
O século XX foi o da ansiedade e o século XXI é o século da depressão.
Então, no século passado, usamos muito e nos foi exigido COMPETÊNCIA. Hoje, sem as pessoas perceberem, nos é exigido EMPATIA. Em minha opinião, depois que a tecnologia nos dominou, nos engessou, nos manipulou e nos robotizou, a maioria da população se tornou mais agressiva, violenta, severa e belicosa.
O jeito é olhar para o meu dia a dia e refletir como eu quero viver daqui para frente, como quero envelhecer? E a empatia é o caminho.
Quero acessar e experimentar o envelhecimento saudável; para tanto, cuido de minha saúde física e mental. Pasmem: se eu cuidar da minha saúde mental, o aspecto físico não ficará relegado a segundo plano, e meu plano pessoal viria em primeiro lugar. Em segundo lugar, saúde; em terceiro, a família;

em quarto, o lado profissional, cuidar do meu trabalho com amor e dedicação.

Se trabalho com amor, não trabalho nenhum dia. Cuidar bem do quinto nível da roda da vida, que é o social, ter e conservar bons amigos, reunir-se com eles uma vez por semana, sem bebidas, fumo ou jogos.

Sexto nível: projetar uma vida financeira estável economicamente. Sétimo: olhar com carinho e cuidado para o ecológico, o servir. E, por último, o lado espiritual, não religioso: saber qual a missão. Por que vim a este mundo, para fazer o quê?

Com isso, poderei envelhecer com graça e dignidade, em vez de me tornar uma pessoa velha e rabugenta.

Pensar e sentir

Vivemos em dois mundos. O mundo exterior, de imagens, sons, sensações, cheiros e sabores; e o mundo interior, de ideias, pensamentos, memórias, imaginação e crenças. O *Ho'oponopono* diz que, quando limpo uma memória, uma lembrança em mim, imediatamente o mundo exterior me é dado. O mundo exterior é um reflexo do mundo interior. Pensamos e fazemos no mundo exterior.

O que você vê, ouve e sente no mundo interior, você leva para fora e cria o mundo ao seu redor.

Eu tive a felicidade ou escolha de, no início de ser homem, deixando o menino de lado, começar a correr de bicicleta, um esporte para lá de completo, pois além de trabalhar com todo o corpo, trabalha profundidade, lateralidade, ouvir e dimensionar o equilíbrio em alta velocidade.

Primeiras corridas, somente aprendizado sobre o que é ser um atleta profissional. Você ainda não se comanda e não pensa. Logo, tive que conviver com as quedas e avarias na bicicleta durante as competições e nem sempre o mecânico estava lá para me socorrer, e com isso alteravam-se os resultados. O que eu fiz: fui trabalhar de graça para um adversário, que tinha uma loja; seis meses depois, comprei a oficina dele e por sete anos convivi com funcionários, clientes e filial. Tive que aprender a lidar com dinheiro e pessoas. O que eu pensava, acontecia.

Dinheiro não se ganha, se administra, atrai, multiplica. Dinheiro não dá em árvore.

Quando você vive os seus sonhos e desejos, a inteligência emocional ajuda você a olhar para o lado certo. Ampliar a percepção, a consciência, estar alerta sobre si mesmo, liderando a própria existência – sim, se tornando homem e deixando o menino para as férias.

Mude seus pensamentos e sua rotina, então sua prosperidade, seu mundo mudará.

O mundo externo é reflexo do nosso interior. Você até pode não ter consciência, mas você é capaz de ver, sentir e fazer, liderando a própria vida. Você já possui ferramentas, o saber para prosperar, liderar, gerir uma empresa, imagina sua essência. Reconheça suas ferramentas e fortaleça sua autoestima; não é questão de opção, é priorizar-se. Primeiro você. Segundo você. Terceiro você.

Claro, não é apenas a sua idade cronológica que determina isso. Todos nós conhecemos jovens que pensam, falam e agem como se fossem velhos. Tenho muitos amigos e colegas mais jovens que são muito mais "velhos" do que eu quando se trata de aprender, manter-se ativo, assumir riscos e assim por diante. Eu os provoco sempre que posso, dizendo que, ainda que envelheçam, podem se tornar mais jovens em espírito. Alguns sorriem quando digo isso; outros perguntam: "Como?". Isso traz à tona a piada sobre idade e envelhecimento: "Se você não soubesse quantos anos você tem (sua idade cronológica), quantos anos você teria?", "Quantos anos você se sente ter?".

Idade e envelhecimento não são a mesma coisa. Enquanto a velocidade de sua idade cronológica aumenta a um ritmo constante, você inevitavelmente adiciona um ano à sua idade para cada revolução que fazemos ao redor do Sol aqui neste planeta. Em contraste, a velocidade do seu envelhecimento é altamente variável. Isso porque está, em grande parte, sob seu controle.

O envelhecimento depende da sua atitude, do seu estilo de vida (ativo, inativo, passivo), do seu compromisso com o seu crescimento mental e emocional, da qualidade e natureza da sua intencionalidade, dos seus hábitos de saúde (alimentação, exercício, sono etc).

A boa notícia sobre, é que você pode assumir o controle e gerenciar seu envelhecimento em grande medida.

Agora, se envelhecer é algo que você faz, e não algo imposto a você (como o número de anos pelos quais você vaga neste planeta), então existem todos os tipos de recursos em neurossemântica para um envelhecimento saudável. Isso porque, como diz a PNL, existe uma estrutura para cada experiência subjetiva, e envelhecer é simplesmente isso – uma experiência subjetiva. Isso significa que podemos entrevistar e modelar aqueles que envelhecem de maneira eficaz e saudável e, em seguida, replicar as variáveis de sucesso.

Outra distinção. Envelhecimento saudável não é apenas longevidade. A duração de sua vida em termos de anos é importante, mas apenas se os anos estendidos (que chamamos de longevidade) forem bons anos. Algumas pessoas vivem muito tempo, mas com dor, angústia e miséria. Alguns não têm qualidade de vida para falar, eles estão apenas existindo... esperando para morrer. Esse não é o tipo de longevidade que eu acho que alguém gostaria de ter. Eu, certamente não. Em vez disso, queremos experimentar o que Spock diz como sua saudação vulcana: "Vida longa e próspera". Queremos viver muito, com energia, vitalidade, significativamente envolvidos em nossas atividades diárias e alegremente conscientes de como estamos contribuindo para o significado da vida.

Voltando à pergunta inicial do título, é possível envelhecer com saúde? Eu acredito que sim. Enquanto você estiver vivo, consciente e puder exercer sua força de vontade, acredito que você poderá fazer escolhas sobre como se engajar nas coisas que contribuirão para um envelhecimento saudável. Claro, quanto mais cedo você fizer isso, melhor. Se você esperar até que seus anos estejam acabando, terá muito menos tempo para preparar as coisas para um envelhecimento saudável. O melhor momento para começar a se encarregar disso é a meia-idade. Para a maioria das pessoas, isso é dos 40 a 50 anos. É quando eles começam a superar "a imortalidade da adolescência e dos 20 anos". De repente, percebemos que somos, na verdade, criaturas mortais e que há um ponto final.

Agora, se alguém mais quiser fazer essa parte de sua jornada, eu certamente o farei. Estabeleci como meu objetivo me envolver em um envelhecimento saudável. E para concretizar isso, tenho estudado da perspectiva do que podemos aprender e modelar daqueles que lideraram o caminho do envelhecimento com graça e vigor, energia e persistência, e terminaram com um legado de "uma vida bem vivida".

De onde vem esse conhecimento da vida, essa vontade de viver, esse desejo de ser bom, ótimo, maravilhoso? Até os oito anos, vivemos o estágio do animal, apenas gratificando nosso inconsciente. Acumulando como se fôssemos um cofre, assim como um animalzinho, comendo e comendo, dormindo e acumulando gordura emocional. Dos oito até quando? Vivemos a dualidade, sempre oscilando entre o certo e o errado. Entre o amor divino e a luxúria, entre o bom e o ruim, o medo e a raiva, entre a pretensão e o desejo e entre a inovação, realização. Vivemos o que os outros gostariam para nós e não o que seria bom para nós mesmos. E quando entramos na terceira fase do autoconhecimento, nada nos seduz, pois já passamos por isso e sabemos que o caminho da retidão é SERVIR.

Começa a descortinar-se uma vida de perdão, aceitação, contemplação e meditação. Parar o corre-corre e viver o presente. O passado não volta e o futuro a Deus pertence.

Assim sendo, treinar, aprender e ensinar são as únicas coisas de que o cérebro não se cansa. Dessa maneira, quando é que você vai ler outro livro, quando vai fazer aquela viagem com novas experiências, aquela palestra, aquele treinamento?

Velho produtivo

Para viver e envelhecer com saúde, você precisa ter algo pelo que viver, trabalhar.

Quando você tem um trabalho ou uma tarefa pela qual acordar cedo, você vive.

Por isso, não se aposente! Isso prejudica a capacidade de envelhecer com energia, vitalidade e trabalhando sendo útil. A meta é estabelecer propósitos futuros que lhe darão um motivo para se levantar da cama pela manhã e atender seu propósito, seu objetivo, sua meta, conviver com pessoas saudáveis. Quando temos propósito, a vida fica mais alegre e fugimos daquela mentira de ficar tentando nos manter ocupados. Ou seja, termos um motivo para sair de casa.

Viver bem é viver em companhia de bons amigos; conceda uma hora para esfriar a cabeça quando uma discussão o provocar, se a coisa for mesmo séria, conceda-se uma noite para reflexão. Resista ao impulso de querer mandar nos outros e principalmente nos filhos, pois, na verdade, eles não são nossos filhos, eles são filhos do mundo. Note que a maioria das pessoas encontra um problema para cada solução apresentada, e se você quiser os corrigir, vai morrer louco. Necessitamos observar as insatisfações dos outros, eles são nossos espelhos, o que eu vejo no outro é um reflexo do meu interior. A vida nos dá o que oferecemos a ela. Temos que tomar a vida para servir a vida.

Para se ter uma velhice saudável e atlética, devemos cuidar do hoje. O modo como nos relacionamos com os outros é fundamental para nossa saúde mental. O modo como me relaciono com o outro vem de como eu me relaciono comigo mesmo.

Quanto me cobro, me invalido, me critico, estou sempre me desvalorizando, me perguntando "por que comigo? Só para mim que acontecem essas coisas". Esqueço que somos nós que internamente projetamos nosso interior para o exterior e quando vemos a vida nos entregando, nos devolvendo o que nela externalizamos, ficamos horrorizados, baixando nossa autoestima, complicando nossa autoconfiança e o não merecimento vem firme.

Cuidar dos nossos pensamentos, peneirar, decifrar, ressignificá-los... Isso é sabedoria. Experiência não ganha jogo, necessitamos de muito treino. Observação dos nossos pensamentos exige paciência e sabedoria.

Todo pensamento gera um sentimento. Os nossos pensamentos, bons ou ruins, geram no nosso inconsciente um sentimento bom ou ruim. Não necessariamente um bom pensamento gera um sentimento bom; às vezes, um sentimento ruim gera um sentimento bom e vice-versa, e desse sentimento acessamos nosso bom ou mau humor. Quantas vezes estamos de mau humor e nem percebemos, fazemos coisas que não dão certo, não porque não somos capazes, e sim porque estamos representando nosso humor por meio de uma personalidade mau-humorada. Essa personalidade que, às vezes, é um padrão de comportamento, nos leva a falar ou ter um comportamento repreensivo de que, muitas vezes, nem nos damos conta. Isso também pode acontecer quando temos companhias que são tóxicas: sim, temos companhias que nos causam, inconscientemente, um mau humor, rápido, mas profundo e que muda nosso comportamento.

Esses comportamentos, atitudes e ações são, na maioria das vezes, oriundos de nossos valores e crenças, que carregamos dentro de nós e, quando liberamos essas memórias, essas lembranças, esses ocorridos do nosso passado, do nosso arquivo mental... reagimos com a emoção errada.

Por isso, precisamos meditar sobre nossos pensamentos, silenciar a mente, liderar nosso "tico e teco" para que dialoguem somente com a criatividade, inovação, desejos e sonhos.

Autoconhecimento é isso, e não tem fim. Enquanto existir vida, devemos estudar, pois esquecer um hábito demora mais do que adquirir dez bons hábitos.

O que é um bom hábito? Bem, isso é uma outra história.

A vida dá o que você merece. E você merece o melhor.

Gratidão e gratidão.

QUIMERA

Admito que seria loucura de minha parte presumir que os leitores acreditassem em tais "histórias", pois os meus próprios sentidos, ou talvez meu próprio bom senso, se negam a crer ainda nos dias de hoje! Entre acontecimentos inexplicáveis, sonhos magníficos e um pouco de imaginação, eu só posso dizer que cabe a você, caro leitor, decidir o que é real ou fantasia!

ANDRÉ L. J. JARCOVIS

André L. J. Jarcovis

Em 2001, aos 14 anos, cursando o ensino médio, deu início à sua vida profissional, como técnico em eletrônica, aprendendo a profissão de maneira prática e tendo como seus professores seu pai, seu tio e seu primo, sendo também autodidata! Completou o ensino médio em 2004. Em 2011, inicia seus estudos e qualificações em terapias alternativas, sendo eles: Acupunturista Auricular, Moxaterapia e Ventosaterapia pela Atmam Clínica Escola (2011). Terapeuta acupunturista, com especialização em Estética pelo Centro de Estudos Shen Long (Mestre Celso Iamamoto, 2012); Acupuntura Coreana pelo Koryo Hand Acupuncture Therapy Institute – Seul, Coreia do Sul (professora Miyoko Onishi, 2013); especialista em Cranioacupuntura pelo Centro de Estudos Shen Long (2013); terapeuta prânico MCKS pelo Institute for Inner Studies, Inc. Manila, Filipinas (mestra Ruth Nakabayashi, 2013 a 2016).

Contatos
al.jarcovis@hotmail.com
Instagram: @andre_jarcovis
11 97029 6920 (apenas WhatApp)

André L. J. Jarcovis

Transpor a barreira que separa o mundo real da ilusão é uma ideia absurda, tanto quanto acreditar que tal barreira exista...

O poço

Recordo-me com uma certa clareza de alguns detalhes daquela manhã, um sol forte, céu limpo; não tenho certeza de qual dia da semana era, mas não faz diferença quando se tem quatro anos e é isento de responsabilidades.

A casa em que morava escondia, sob o chão da cozinha, um antigo poço, que, assim como em tantas outras casas, um dia foi a única fonte de água potável para seus moradores. A modernidade já tinha chegado havia alguns anos. Com água encanada e rede de esgoto, o velho poço já havia secado há muito tempo. Foi coberto por uma tampa de concreto quando decidiram que era hora de lacrar a sua "boca" definitivamente, para nunca mais ser aberto. Eu estava ansioso e entusiasmado para ver abrirem o poço, nunca tinha visto um, e já tinha ouvido falar de coisas medonhas, de como os poços eram fundos e perigosos; pensava ser algo um tanto quanto incrível. E de fato era!

De um momento para outro, finalmente chegou o tão esperado momento.

Naquele dia, estavam presentes a minha mãe, avó, minha irmã mais velha e o meu tio-avô. Ele é quem iria realizar o serviço. Eu e minha irmã estávamos inquietos e ansiosos para retirarem a tampa de concreto e finalmente vermos o quão fundo, assustador e perigoso era um poço. Com um tipo de pá reta e fina, meu tio-avô foi encaixando na fenda daquela placa e a movimentando para lá e para cá, e com um movimento rápido jogou todo seu peso sobre o cabo da pá, fez a tampa se levantar alguns centímetros o suficiente para minha mãe rapidamente encaixar os dedos por debaixo da tampa e a segurar; em um segundo, meu tio também encaixava os dedos por debaixo da tampa e, jogando a pá de lado, ergueram a tampa sem muito esforço e a colocaram no chão a uns três passos para o lado. Confesso que fiquei um pouco decepcionado com tamanha rapidez e facilidade com a qual retiraram a tampa, pensei que haveria pelo menos um pouco de suspense, suor e reclamações, talvez um dedo cortado não faria mal a ninguém, e seria tudo muito mais emocionante...

Quando ergueram a tampa, dei um pulo para trás! Na verdade, todos deram.

Insetos correndo para todos os lados, baratas, tesourinhas e tatuzinhos... tatuzinhos-bola.

Logo, fixei o olhar no que eu realmente tanto esperava, o poço! A abertura era muito menor do que eu imaginava, talvez da largura da minha bola de futebol, ou nem isso, eu não cairia ali dentro nem se quisesse. Aproximei-me um pouco e me certifiquei de que realmente não cairia ali nem com muito esforço. Os adultos claramente compartilhavam do mesmo pensamento e não se importaram que eu observasse mais de perto. Parecia-me muito escuro e não dava para ver nada. Os três adultos saíram para o quintal e discutiam a melhor maneira de fechar o poço. Aproveitando a saída deles e não satisfeito, me deitei de barriga no chão, coloquei o rosto na pequena abertura e me pus a olhar atentamente; alguns tatuzinhos ainda andavam pela borda.

André L. J. Jarcovis

O que vou relatar a seguir, afirmo que foi absolutamente real, mas não posso explicar a sua origem ou fundamento.

Com o rosto bem encaixado naquele "buraco", vejo claramente uma rua. Sim! Nitidamente, havia uma rua lá embaixo, era de paralelepípedo e havia trilhos de trem bem no centro dela; começo a escutar um som se aproximando, cada vez mais alto, e vejo um trem passando por aqueles trilhos a todo vapor. Soltava muita fumaça e apitava como os trens dos filmes, eu podia sentir o chão vibrar com sua passagem.

Quando terminou de passar, ainda ouvindo o seu som cada vez mais distante, começo a ver algumas pessoas caminhando pela rua. Um casal de braços dados: o homem usava um chapéu e roupa preta, enquanto a moça estava de vestido branco e longo, com um chapéu florido e uma sombrinha branca que me parecia muito enfeitada e mal a cobria de tão pequena... Alguns anos depois, compreendi que se tratava de roupas antigas, talvez de 1910.

Por ali passavam mais algumas pessoas, homens de roupas escuras e chapéus, mulheres de vestidos longos e largos na parte de baixo; alguns levavam guarda-chuvas, não conseguia ver os seus rostos. Pois eu os observava de cima. Eles estavam debaixo dos nossos pés. Como isso era possível?

Talvez uns vinte ou trinta metros apenas. Lá embaixo, era dia! Tudo era claro e nítido como se iluminado pelo sol... Então, percebi que estava chovendo lá embaixo, por isso os guarda-chuvas. Podia ver as gotas de chuva caírem da terra debaixo dos nossos pés em cima daquelas pessoas, como se o nosso chão fosse o céu daquele lugar. As pessoas andavam a passos largos, assim como fazemos quando andamos na chuva.

O barulho de algo caindo no quintal me fez retornar ao mundo aqui de cima; coloquei-me de joelhos e olhei para fora, pensando em chamar alguém para ver aquilo também, mas não queria sair dali! Olhei novamente para baixo e lá estava, tão real como aqui em cima! Ainda me lembro nitidamente de que o chão aos meus pés, que me separava daquele lugar, não devia ter mais do que trinta ou quarenta centímetros. Recordo-me de ter me levantado e fitado aquele incrível lugar e seus habitantes por mais um ou dois minutos; então, corri em direção a minha mãe, contando entusiasmado o que tinha acabado de ver. Contei sobre o trem e as pessoas que estavam lá embaixo, dizia ter finalmente visto o Japão. Com quatro anos de idade, foi o que eu pensei, afinal de contas ouvia dizer que os japoneses estavam do outro lado da Terra, bem abaixo de nós. Todos riram e não deram importância, talvez admirados com a criatividade em tão pouco espaço de tempo. Senti-me tão feliz e satisfeito com o que tinha visto que fui brincar e, quando voltei, o poço já estava tampado! Meu tio finalizava-o, colocando caquinhos vermelhos no cimento fresco para combinar com o resto do piso. Eu pensava se um dia voltaria a ver aquele lugar novamente...

A serpente

Uma névoa espessa e fria; quase nada se via ao redor, apenas tinha a sensação de estar subindo rapidamente, tudo era muito sombrio e misterioso, assim eu era levado contra a minha vontade. Em um piscar de olhos, estou diante de uma construção grande e imponente, como um templo no estilo oriental. De ambos os lados, grandes vasos ardiam em chamas em seu interior. Olho para o chão e vejo que estou descalço, e no segundo seguinte, me dou conta de que estou completamente nu! Fico um pouco embaraçado, olho para trás e vejo uma escadaria estreita que desce montanha abaixo, a perder de vista; eu estava certo quanto à sensação de subir rapidamente; está muito frio, estou congelando!

Estou ofegante, a minha respiração faz com que uma névoa de vapor quente saia da minha boca. Algo chama minha atenção! É quem me levou até aquele lugar! Eu não posso descrevê-lo, é como se minha mente fosse incapaz de achar qualquer meio de comparação.

Começo a caminhar em direção ao templo, não há resistência de minha parte, pelo menos até agora.

Passo entre os dois vasos que ardiam em chamas, com labaredas fortes e agitadas pelo vento frio; senti o seu calor, e por um momento tudo se iluminou, uma sensação de lucidez e bem-estar reinou por um instante. Tudo ficou claro e eu tive a certeza de que não era um sonho.

Diante da pequena porta daquele lugar, pude perceber mais detalhes e observei que era feito de pedras como mármore, mas de um verde forte e escuro, que de longe me parecia negro. Sem hesitar, entrei e olhei atentamente o interior: era uma sala não muito grande e vazia, exceto por um tipo de mesa, foi assim que julguei, feita do mesmo tipo de pedra. Aliás, tudo ali parecia ser feito do mesmo material. Na parede, uma pequena tocha acesa iluminava o ambiente. Parado na entrada daquela sala, fui abruptamente erguido no ar e colocado deitado sobre a mesa de pedra, de maneira tão rápida que me deixou confuso; aquela pedra estava ainda mais gelada que o ambiente, meus braços e pernas estavam livres, porém quase não podia me mexer, como se houvesse amarras invisíveis; tentava me controlar para não entrar em pânico! Se é que eu já não estava...

Uma voz dentro da minha cabeça – definitivamente não era a voz do meu pensamento – me disse para ficar calmo, e que eu já receberia as instruções. O que eu vi a seguir foi uma das coisas mais assustadoras e bizarras de toda minha vida.

Uma serpente vinha em minha direção, com uma pequena parte de seu corpo rastejando e o restante do corpo ereto como uma naja, mas de modo muito mais bizarro e ameaçador! Seu corpo inteiro era verde, quase tão escuro quanto as paredes daquele lugar; parecia ser coberta de escamas, e no alto de sua cabeça havia algo como plumas, mas eu não tenho certeza; nunca tinha visto nada parecido com aquele "animal".

Eu estava totalmente paralisado, aquele ser estava olhando para mim a poucos centímetros; a sensação que eu tinha é quase impossível de se descrever, só posso dizer que era extremamente perturbadora.

Aquele ser, seja lá o que fosse, começou a falar comigo! Não de maneira convencional, mas sim por telepatia ou algo do gênero. Ela me disse para não ter medo, pois não iria me fazer mal algum, e só precisava me passar informações e instruções.

Hoje, eu me recordo apenas das sensações que tive, e não das informações. Mas posso afirmar, sem dúvida alguma, que eram informações muito além da nossa capacidade de compreensão, pelo menos no mundo e dimensão em que vivemos; me recordo bem que, enquanto ela me explicava certas coisas, a sensação era de euforia e perplexidade; eu não só a escutava, "falando" dentro da minha mente, como também podia visualizar tudo o que me falava.

Tudo está claro, como se eu retornasse de um absoluto nada. Abro meus olhos e estou no meu quarto: foi um sonho, eu estou coberto, mas o meu corpo está quase congelado, mas não estava frio, pois estamos no verão. Meus pulsos estão um pouco vermelhos, como se alguma coisa estivesse os apertando, e meus calcanhares, doloridos.

E aí, leitor? O que você acha?

Eu diria que cabe a você, caro leitor, decidir o que é sonho ou realidade!

04

SOMBRAS DO PASSADO

Mesmo quando a vida segue em frente depois de processos sofridos e tudo parece superado, algumas sombras aparecem, nos levando a novos questionamentos, novas percepções, nova compreensão, autoconhecimento e evolução.

ANDRÉA ARAÚJO

Andréa Araújo

Graduada em Artes Plásticas (Escola Panamericana, 2018) e Publicidade e Propaganda (FMU, 1995). Autora do livro *A vida em todas as cores*, coautora dos livros *As donas da p**** toda: celebration* e *Eu, protagonista da minha história*, ambos publicados pela Literare Books International. Principais exposições: Coletivo 284, individual, Lisboa, Portugal, 2022; "Eco Estação Cultural Olimpia", coletiva, Olímpia/SP, 2021; "Fluxo", individual, Pinacoteca Benedicto Calixto, Santos/SP, 2019; "A diversidade e Pluralidade da Arte Contemporânea", coletiva, 25º Salão de Arte de Praia Grande/SP, 2018; "Artes Plásticas Novos Talentos, 2018", coletiva, Escola Panamericana, 2018; "Desafio Criativo Canson", coletiva, Premiação: Menção Honrosa, Escola Panamericana, 2018; "TodoMeuSer", individual, Studio Dalmau, São Paulo/SP, 2018; "Muretas na Cidade", coletiva, Projeto Santos Criativa 2ª edição, Jardim da Praia, Santos/SP, 2017.

Contatos
andreardearaujo@gmail.com
Instagram: @andreaaraujo.art
13 99709 3378

Andréa Araújo

Um lugar paradisíaco, uma noite tranquila ao som das ondas do mar, com a melhor companhia que eu poderia ter naquele momento, depois de um turbilhão de acontecimentos na minha vida.

No meio da madrugada, eu acordo com o barulho da chuva forte que cai lá fora, sento na cama, em pânico, com coração acelerado, trêmula.

Ele acorda assustado com a minha reação repentina.

— O que foi? O que aconteceu? Você está bem?

— Está chovendo e seu tênis está na varanda!

— Tá... e daí?

— Vai molhar! (Com total desespero na voz).

— E daí?

"Como assim, e daí?".

Levanto-me correndo, tiro o tênis da varanda e volto para cama, molhada da chuva, ele me abraça com ternura e compreensão, e um certo espanto.

— Me promete uma coisa?

— O quê?

— Que nunca mais você vai me acordar com um susto desses?

— Prometo.

Adormeço pensando se posso cumprir essa promessa, lembrando como essa mesma cena foi tão diferente no passado e como esse padrão de comportamento reativo ainda era presente em mim.

Esse momento nunca mais saiu da minha cabeça, foi exatamente aí que eu me dei conta de como os traumas do passado ainda me assombravam. De quanto um olhar de repreensão, palavras de rejeição e comportamentos que colocam a culpa de situações sobre nós são abusivos, mesmo que a intenção do outro não seja essa.

São gestos e atitudes tão intensos que marcam a nossa essência de maneira violenta e avassaladora, e continuamos reagindo a eles ao longo da vida, em pequenos detalhes cotidianos que nos levam de volta àquele lugar, trazendo à tona as sensações, o olhar, as palavras, mesmo quando tudo está aparentemente perfeito e superado.

Demorei muito tempo até identificar esses gatilhos, que ainda existem dentro de mim, mesmo depois de um longo e libertador processo de reencontro e reconstrução de uma pessoa que se perdeu de si mesma, seus gostos, seus valores, seus dons, sua estética e sua sexualidade.

Nasci e fui criada para ser forte, para resolver situações e engolir o choro, para enfrentar o mundo de frente e depois resolver o estrago interno ou simplesmente conviver com ele.

E assim vivi a maior parte da minha vida, mesmo com a minha alma de artista repleta de sensibilidade, me equilibrei entre os meus dois lados internos, entre a força e a intuição, a emoção e a racionalidade.

Até o dia em que o meu corpo gritou mais alto, me cobrando as negligências que cometi comigo mesma, a falta de respeito com o meu eu interior, por abrir mão de mim e colocar o bem-estar do outro sempre em primeiro plano. Por ter me transformado em uma executora de infinitas tarefas diárias, sempre correndo, sempre atrasada, estressada e, no final do dia, cansada, ansiosa e frustrada por não ter realizado tudo que programei, porque sempre faltava algo.

Depois de muito tempo, essa conta veio alta e me levou para dentro de um turbilhão de emoções, dores, dúvidas e questionamentos que me fizeram ir cada vez mais para dentro de um buraco sem fim, do qual eu não conseguia sair por simplesmente não entender o que estava acontecendo comigo, tamanha era a distância que eu tinha tomado de mim mesma; eu já não sabia quem eu era. Fiquei apática.

Quando esse caos terminou, eu precisei me encarar no espelho e ir em busca de quem era a pessoa que estava ali refletida, e nesse processo, eu me permiti me conhecer novamente, me olhar com afeto, sinceridade e clareza, encontrar com o que estava esquecido e perdido e descobrir o que era novo, quem eu havia me tornado e principalmente quem eu queria ser dali para frente. Nesse caminho de cura, escrevi um livro e pintei uma série de quadros, nos quais simplesmente me desnudei, assumindo os erros, encarando os medos e aceitando as vitórias, para assim conseguir seguir em frente.

Não foi fácil reviver certos sentimentos, certas situações vividas e escrever sobre elas, mas ao mesmo tempo que as palavras ganhavam corpo, eu sentia que precisava desse resgate e sabia que essas palavras poderiam iluminar o caminho de quem viesse a lê-las e estivesse na escuridão em que eu havia estado. Com a pintura, não foi diferente, escolhi para cada tela uma música que marcasse um momento que ainda me machucava e, aos prantos, coloquei toda essa emoção nas cores e nas pinceladas e, por fim, essas músicas não me trouxeram mais lágrimas aos olhos, as dores ficaram gravadas nas nuances da tinta sobre a tela.

Nesse período, eu simplesmente experienciei o mundo com toda energia e plenitude de quem acaba de vencer uma guerra. Mas isso era real? Com o tempo, percebi que não totalmente, que marcas muito profundas estavam fundidas em mim e que algumas feridas ainda estavam abertas. Pequenos detalhes do dia a dia, como a cena do começo deste texto, me remetiam a situações vividas que ainda me faziam sentir medo e culpa.

Então, novos questionamentos surgiram:

"Andréa, como você se permitiu isso?"

"Como não percebeu o que estava acontecendo?"

"Por que não reagiu?"

Eram perguntas que rondavam meus pensamentos constantemente e lá estava a culpa incutida em mim, que cheguei a pensar não ser digna de ser feliz, de não ser uma boa mãe, profissional, esposa ou mulher e, mesmo quando a consciência voltou, essas dúvidas ainda me perseguiam.

"Por que permiti?". Porque é um processo lento e silencioso e, dentro da rotina diária, você simplesmente não percebe; são acontecimentos tão sutis: um olhar de reprovação para roupa, uma frase sobre o corpo, uma reclamação sobre a comida, a casa, a educação dos filhos, a risada, a piada feita – e fui absorvendo tudo e tentando me adequar ao desejo de quem me solicitava, sem questionar e sem reagir, simplesmente aceitando que todos aqueles defeitos eram realmente meus, até chegar ao ponto de não falar mais, de simplesmente deixar a vida passar, por me achar tão incapaz que não conseguiria dar um passo fora desse cenário.

Até o dia em que veio o xingamento em público, na frente dos amigos, que me desconcertou, me derrubou por completo pela violência das palavras e a raiva daquele olhar; que mostrou que estava tudo errado, que algo precisava mudar mesmo que eu ainda não tivesse forças para isso.

Hoje, são memórias que carrego e gatilhos que me fazem estar alerta a qualquer situação que tenha similaridade com o que já senti, em qualquer tipo de relação. Ainda é um processo de cura e entendimento e de luto contra as culpas que, às vezes, quero assumir por puro padrão de repetição.

Andréa Araújo

Já tive medo de endurecer demais, de me fechar em um casulo e da solidão que isso poderia causar, mas aprendi a respeitar que sou humana e conversar comigo mesma, analisando cada situação e até onde eu consigo ir sem me ferir, sem me anular e sem estar ou fazer simplesmente para agradar ao outro.

Aprendi a estar bem comigo mesma, com a minha companhia, a de um bom livro, filme ou simplesmente no domínio do controle remoto. Aprendi a dizer não e não sofrer com isso, por achar que deveria estar presente o tempo todo para tudo e para todos. Aprendi a me respeitar.

Se passo por cima de mim ainda? Às vezes, minha personalidade é solícita e agregadora, mas hoje consigo identificar quando esses momentos se tornam abusivos e mudar o comportamento, a postura ou o rumo da situação. Esse é meu exercício diário, buscar manter a minha liberdade de ser quem eu sou, de fazer o que eu quero, quebrar os padrões de perfeição que foram incutidos na infância e reforçados na vida adulta.

Se eu sei quem sou? Sim, mas principalmente sei quem eu quero ser e o que eu quero deixar de legado para os meus filhos e para aqueles que eu puder; uma mulher que respeita os limites do outro, mas principalmente respeita os seus próprios limites. Uma mulher que é humana, imperfeita, que assume seus erros e aprende com eles. Uma mulher em constante evolução, que busca compreender a si mesma, superar as sombras do passado e acredita que é possível ter uma vida plena e feliz com autoconhecimento e autorrespeito.

05

UMA EMPRESA EM SÉRIAS DIFICULDADES FINANCEIRAS

Resolver problemas financeiros não é uma tarefa fácil. Quer seja um grupo de dirigentes, quer seja um único profissional, as alternativas e saídas são sempre várias e difíceis. O exemplo que tem meu capítulo é coletivo, dentro do conceito de trabalho em grupo. Nele, demonstro a participação de todos os dirigentes da empresa, o que conhecem de administração e o principal, o que deveriam conhecer dos problemas financeiros.

ANTONIO SALVADOR MORANTE

Antonio Salvador Morante

Economista, administrador e contabilista, formado pela Fecap. Mestre em Ciências Contábeis pela PUC-SP, doutorado em Comunicação e Semiótica pela PUC-SP e doutor em Administração pela Flórida Christian University (EUA), com diploma reconhecido no Brasil. CEO do Grupo FB, é professor universitário no MBA da FIA há 14 anos. Exerceu, até 2010, o cargo de professor e coordenador do curso de Administração e Contábeis da Unip. Tem experiência nas áreas administrativa, financeira, comercial e operacional, tendo trabalhado durante 40 anos em empresas de grande porte, industriais, comerciais e de prestação de serviços de segurança patrimonial e eletrônica. Paralelamente, embora não exerça atualmente, é perito judicial nas áreas contábil e administrativa. É homologado CFO pelo IBEF (Instituto Brasileiro de Executivos Financeiros). É autor de seis livros na área financeira e contábil, além de um livro com experiências pessoais denominado *Ontem, hoje e amanhã*. Pela Literare Books International, participou como coautor do livro *Elefante não voa*.

Contatos
morante@grupofb.com.br
11 3138 3170
11 99984 1515

Pretendo, por meio desta narrativa, como se fosse uma dramatização, sob o "pano de fundo" de uma reunião de diretoria, mostrar um ambiente de decisão empresarial, como uma história realmente vivida no cotidiano empresarial. Para tanto, os participantes da dramatização, que serão os gestores, poderão, além do roteiro original, discutir o cotidiano da empresa, esperando que, ao final, seja encontrada uma solução aos problemas financeiros pelos quais ela passa.

Os diretores têm os seguintes cargos:

Financeiro	Sr. Morais
Comercial	Sr. Cesário
Jurídico	Sr. Gerson
Industrial	Sr. Nelson

O problema financeiro

A empresa, uma indústria metalúrgica de médio porte, está com os seguintes indicadores em seu balanço patrimonial de 31/12/2022, dos quais resumidamente exponho seus principais dados financeiros:

	2022	2021
Liquidez corrente	0,60	0,83
Liquidez geral	0,20	0,23
Lucratividade	200.000	150.000
Patrimônio líquido	700.000	600.000
Faturamento anual	12.000.000	13.000.000

Para o problema ser resolvido, a empresa necessita de um aporte de capital de 3 milhões de reais da maneira mais imediata possível. Diante dessa situação, os diretores marcam uma reunião de emergência, entre os quais só não foram chamados os de recursos humanos e o de contabilidade.

Os diálogos da reunião

Financeiro – eu tentei desesperadamente esse empréstimo de 3 milhões de reais, porém os juros altos como estão, mais as garantias que os bancos estão exigindo, tornam a hipótese impossível. Imaginem vocês que um dos bancos contatados exigiu que eu hipotecasse meu apartamento por conta do empréstimo. Os juros bancários estão maiores que 2,50% ao mês, além do IOF a 0,38% sobre a operação. Uma loucura...

Comercial – e se nós conseguíssemos aumentar as vendas? Será que essa possibilidade nos salvaria? Será que um faturamento maior nos traria lucro e conseguiríamos regularizar nossa situação?

Financeiro – até parece que já não discutimos esse tipo de alternativa... Aumento de vendas não quita dívidas. Quem paga dívidas é capital de giro excedente, meu amigo. E tem mais: se estamos vendendo com prejuízos, como você quer pagar as dívidas? Eu já discuti com você anteriormente sobre nosso processo de precificação. Ou estamos errando nos preços ou algo errado está acontecendo e não consigo enxergar.

Jurídico – então só nos resta a alternativa de requerer recuperação judicial, falência ou a antiga concordata? E se fizéssemos um IPO? Será que temos condições de ir até o mercado de ações e encontrar investidores?

Industrial – e se nós lançássemos novos produtos? Tenho aqui umas ideias revolucionárias em nosso ramo de atividade.

Financeiro – novamente, a mesma resposta. Para lançarmos novos produtos precisamos de capital de giro, de folga financeira, de dinheiro em caixa. IPO é negócio de empresa grande, sem problemas financeiros, que tenha nome no mercado e que seja atrativa para novos acionistas, pagando-se a eles dividendos que lhes interessem.

Financeiro – vou tentar a alternativa de encontrar um *leasing* envolvendo nosso prédio da fábrica. Quem sabe possamos obter esse empréstimo salvador.

E lá foi o financeiro acompanhado do jurídico visitar a empresa de *leasing*.

Resposta: seria possível após uma avaliação do imóvel que burocraticamente levaria uns 60 dias para o resultado. Esse tempo seria mortal para a urgência que a empresa tinha.

Retornando à empesa... e em nova reunião...

Financeiro – a hipótese do *leasing* é impossível, não dará tempo. A exigência de documentação, da relação do faturamento nos dois últimos anos e da análise financeira de nossos três últimos balanços demoraria uns 60 dias.

Jurídico – e se nós vendêssemos a empresa. Será que isso seria possível?

Financeiro – possível é, mas será que alguém teria interesse? Será que alguém se interessaria por uma empresa com prejuízo e endividada como a nossa? E com patrimônio líquido negativo? Eu já expliquei a vocês o que significa PL negativo. Isso quer dizer que estamos quebrados. Que não temos condição nenhuma de pagar nossas dívidas a curto prazo, nem as de longo prazo.

Comercial – lembram-se, há alguns anos, quando a Metalúrgica X nos procurou? Vamos procurá-la novamente, então. Vamos todos juntos e, com espírito de equipe, talvez consigamos obter sucesso.

E foram. Todos juntos desta vez em mais uma reunião, agora com a direção da Metalúrgica X. Confiantes, zelosos, com toda a documentação da empresa, e principalmente abertos a qualquer negociação.

Terminada a reunião, os diretores pedem licença para conversarem entre si, enquanto os gestores da Metalúrgica X esperam em outra sala. E os entendimentos tomam o rumo seguinte.

Financeiro – vocês viram que a diretoria da Metalúrgica X até compra nossa empresa, mas não pagará nada, mesmo considerando que temos até um EBITDA positivo.

Comercial – o que é EBITDA?

Financeiro – você não sabe? E vocês dois, comercial e jurídico, sabem o que é EBITDA?

Comercial – eu nunca ouvi falar nisso.

Jurídico – eu já ouvi falar na faculdade, mas não prestei atenção.

Financeiro – meu Deus, quanta ignorância? EBITDA é uma versão do lucro da empresa em que do lucro apurado são retiradas a depreciação e as despesas financeiras. No nosso caso, o lucro encontrado nessa alternativa até que é um pouco positivo, mas o EBITDA é negativo. O EBITDA é uma espécie de reconhecimento financeiro que nos informa se o investimento na compra de uma empresa terá retorno ou não.

Jurídico – e aí, vamos tentar vender a empresa então? Vamos procurar outro comprador?

Industrial – mas e nós, o que iremos fazer depois. Voltaremos a ser empregados?

Comercial – e você vê outra alternativa para nós, mesmo considerando nossa amizade de mais de 20 anos?

Financeiro – vamos com calma. Será que não teremos outras alternativas?

Comercial – e antecipando nossos recebíveis? E procurando agiotas?

Financeiro – você está louco, nossa situação é muito difícil, mas essas alternativas só nos prejudicarão ainda mais.

Comercial – usando meu conhecimento comercial, posso dar uma opinião?

Financeiro – é claro que pode...

Comercial – minha opinião é oferecermos a um banco o prédio da fábrica, meu apartamento e a casa de vocês como garantia. Levantamos o dinheiro que falta e vamos reorganizar a empresa.

Contratamos uma empresa de assessoria, reformamos nossas atitudes, vamos rever nossa política comercial, nossa política financeira, lançaremos novos produtos; e vamos trabalhar mais, começando cedo e terminando tarde da noite. Isso porque, convenhamos, estamos cada dia mais dispersos e desinteressados na solução dos nossos problemas.

E assim foram ao banco, e retornaram com a resposta. Após 30 dias, o empréstimo estava disponível, mas os imóveis de todos estavam hipotecados, ou seja, impossibilitados de serem vendidos.

Marcaram nova reunião, agora parecendo decisiva.

Financeiro – estamos com o valor necessário à nossa sobrevivência, agora temos de tomar, segundo minha opinião, as seguintes providências:

1. Aumentar nossos preços de venda.
2. Diminuir nossos prazos de venda.
3. Lançar novos produtos.
4. Produzir mais.
5. Melhorar a qualidade dos produtos.
6. Dispensar alguns funcionários que têm salários altos, e nós assumiremos essas posições.
7. Se essas dispensas forem muito volumosas, pediremos aos colaboradores um acordo e dividimos a rescisão em alguns meses.

Jurídico – você pretende que meu setor seja reduzido? Nossos pró-labores serão reduzidos também?

Histórias importantes demais para ficarem no anonimato

Financeiro – é claro que nós teremos de dar o exemplo em nossos rendimentos, e você precisa dispensar os excedentes; e que fique apenas com algum estagiário. Isso para todos nós...

Comercial – e meus vendedores, devo dispensar alguns?

Financeiro – claro, você precisa assumir as vendas, visitar os clientes e economizar nos salários fixos e comissões. O faturamento não pode cair.

Industrial – você quer que eu lance novos produtos? Como, se a concorrência já está na nossa frente? Você quer que eu produza mais com essas máquinas antigas que temos? Você quer que eu melhore ainda mais a qualidade de nossos produtos?

Financeiro – ou fazemos tudo isso ou então iremos "comer" o empréstimo, se houver condição para essa alternativa, não tendo como pagá-lo; e perderemos todas as nossas moradias.

Jurídico – e se contratássemos uma empresa especializada em assessoria, habilitada nessas situações?

Financeiro – se nós não temos coragem nem habilidade para gerir nossas dificuldades, você acha que um terceiro teria sucesso?

Quem tem de sair desse enrosco somos nós mesmos. Vamos começar agora mesmo nossa reforma no modo de agir. Cada um de nós irá fazer seu plano de solução e voltaremos amanhã para uma nova reunião, certo?

E todos se recolheram, fizeram reuniões com seus principais colaboradores, ouviram até suas esposas porque as moradias estariam em perigo de hipoteca, e no dia seguinte retornaram.

Financeiro – eu decidi que o melhor para nossa empresa será vendê-la para um concorrente com preço ZERO.

Jurídico – eu decidi que o melhor para nossa empresa será continuarmos lutando por nossa sobrevivência.

Industrial – eu decidi que o melhor para nossa empresa será que eu a compre de todos vocês a preço ZERO.

Comercial – eu decidi que o melhor para nossa empresa será encerrar nossa atividade e fechá-la.

Estão aí, como os leitores observaram, quatro alternativas difíceis e de grande dificuldade na solução do problema.

Empresas que chegam a essa situação devem ter como premissa, desde sua formação:

a. Quais são nossos limites financeiros?
b. Quais são nossos limites intelectuais?
c. Quais são nossas experiências no negócio?
d. Qual é o nosso espírito de equipe nas dificuldades?
e. Por que chegamos a situações semelhantes?
f. Quando montamos a empresa, fizemos com o capital social adequado?
g. Dimensionamos a empresa com o capital de giro correto para o empreendimento previsto e eventual crescimento?

Caso não tenhamos essas respostas, e outras que possam ser feitas, nossos empreendimentos irão fracassar.

As aulas nas instituições de ensino não têm tal preocupação. Não há condições de tempo e cenário para que sejam debatidas experiências semelhantes todos os dias e noites. Sejam pequenas, médias ou mesmo grandes empresas. As escolas trabalham com números, quando possíveis. Não existe a dramatização real, o acompanhamento dos diálogos do dia a dia, e o principal: não conseguem vislumbrar a capacidade gerencial de quem ocupa os espaços principais no organograma.

E finalizando, algumas recomendações que este autor deve fazer para atuais e futuros empresários, nestas situações – quando idênticas –, e o principal: o que fazer para evitá-las. Assim, enunciarei várias experiências:

a. Os gestores financeiros não têm resposta para tudo, embora tenham um conhecimento próximo e específico dessas realidades. As empresas são diferentes, com diversas realidades, e uma diferença natural entre seus líderes.
b. A pandemia da covid-19 mostrou que nem todos estávamos preparados para surpresas do tipo que ela provocou em todos os países, em todas as empresas. Ficou comprovado que

não sabíamos reagir diante daquelas dificuldades alarmantes, nem no Brasil, nem em outros países.

c. Pandemias e seguros preventivos têm certa semelhança. Precisamos examinar com antecedência os riscos de nosso negócio e de nossas atividades, sejam financeiros ou não. Riscos podem ser incêndios. Podem ser concorrentes melhores ou até desleais. Mas em todos os negócios existem riscos e dificuldades.

d. Os alicerces da longevidade empresarial são obtidos, quando possível, por meio de muitos predicados. Estes devem ser procurados constantemente, envolvendo capital empregado, capacidade de gestão, conhecimento do negócio, espírito indiscutível de equipe, sabedoria para suplantar dificuldades até pessoais, e outras escadas negativas que a vida nos mostra para superá-las.

E finalmente, as pequenas e médias empresas não conseguem, por diversos motivos, ainda não descobertos pelo autor, ter orçamentos anuais nem acompanhamentos mensais de balanços gerenciais e demonstrações do resultado.

Sem esses apoios, dificilmente conseguiremos gerir nossas empresas. Mas é comum os empresários pequenos e médios argumentarem que não conseguem contadores ou escritórios de contabilidade que apresentem mensalmente esses relatórios gerenciais.

Ora, sem eles não haverá sobrevivência... Vamos misturar nosso saldo bancário com o da empresa? Não vamos saber, mensalmente, se tivemos lucro ou prejuízo? Não aprenderemos a provisionar recursos para períodos de dificuldade ou até para o pagamento do décimo terceiro salário dos colaboradores?

Essas questões devem ser respondidas, e os contadores – mesmo externos – precisam colaborar doutrinando empresários, algumas vezes voluntariosos, mas sem experiência financeira nem administrativa. Ou seja, ter coragem, dinheiro e empreendedorismo nas veias não é tudo!

06

COLCHA DE RETALHOS

Histórias que não poderiam ficar no anonimato: trata-se de um pequeno relato do que a autora viveu na infância. Aprendeu a andar a cavalo e a cavalgar em suas férias. Aprendeu a cuidar de seus pais. E, com a força desse animal (cavalo), transformou a si mesma em uma pessoa forte, focada, destemida e determinada. Somando ao que aprendeu com seus pais, colocou tudo isso como aprendizado em sua vida.

CÁSSIA CRISTINA DA SILVA

Cássia Cristina da Silva

Foi professora, exercendo seu magistério por dez anos. Formada pelo Instituto de Educação do Rio de Janeiro e em Direito pela Universidade Gama Filho; pós-graduada em Direito Processual do Trabalho. Sócia-fundadora do escritório Silva & Silva Advogados Associados, onde atua como advogada trabalhista. Foi juíza eclesiástica por cinco anos no estado do Mato Grosso, na comarca de Sinop. Formada em balé clássico, em Minas Gerais, fez cursos em São Paulo e no Rio de Janeiro com Cecília Kerche, Ana Botafogo e Ismael Guiser. Escreve artigos jurídicos e sobre moda. Faz parte da Comissão de Direito da Moda de Santa Catarina. Construiu uma carreira sólida na advocacia, atuando em jornais e revistas de relevância nacional. É catequista, baseando sua fé nas raízes católicas. Tornou-se *influencer*, dando dicas de viagens e comidas, participando de desfiles e criando um evento próprio voltado para a moda, chamado Natal das Amigas. Já escreveu vários livros em coautoria: *As incríveis: histórias de mulheres que deram a volta por cima e fizeram acontecer* (Literare Books International), entre outros.

Contatos
Atendimento@silvaesilva.com.br
Cássia@silvaesilva.com.br
Instagram: @cassiacsilva
47 98811 9234

Cássia Cristina da Silva

Eu passaria horas contando minha trajetória de vida, falando de minhas conquistas, minhas dificuldades. Mas a nossa vida é feita de retalhos que, juntos, formam uma linda colcha. E para que essa colcha esteja pronta, é preciso alinhar esses retalhos para, depois, costurar uma história que não se conquista na solidão.

É preciso que vários retalhos, aqui ditos figurativamente, se unam para que haja sua transformação em uma colcha. São histórias que não podem ficar no anonimato, às escondidas. Servirão de exemplo para muitos. Imagine uma grande colcha de retalhos... Um retalho sozinho não faz nada, mas muitos retalhos fazem emenda e formam uma linda obra.

Aqui começa a minha colcha com muitos retalhos. Fui, desde cedo, muito observadora, uma daquelas crianças que amavam escutar os mais velhos e os observar. Eu amava ajudar nas tarefas de casa e da escola e era a primeira a terminá-las; me chamavam de apressadinha.

Furacão, por vezes eu derrubava na mesa o copo de suco, ou até mesmo no chão. Foram várias vezes. Eu era apressada porque não queria perder tempo. Queria sair dali e fazer inúmeras coisas que, em minha cabeça, borbulhavam. Eu tinha e tenho sede de viver o máximo!

Na escola, meus pais eram, às vezes, chamados porque eu terminava tudo e ficava conversando; eu queria mais atenção da professora.

Histórias importantes demais para ficarem no anonimato

Queria resposta para tudo; bem, como eu, várias pessoas são assim. Para começar, não frequentei jardim de infância nem o maternal, entrei diretamente no C.A. (Centro de Alfabetização) porque eu já sabia ler.

Era muito motivada por livros e desenho. Aqui, finalmente começa um pouquinho da minha história... Meus pais deram o pontapé inicial ao dizerem sim à paternidade e maternidade.

Sou a terceira filha do casal bem resolvido. Tive um pai e uma mãe sempre presentes em minha vida, e três irmãs que muito me ensinaram e ensinam até hoje. A história de vida de meus pais me serviu muito como bagagem.

O incentivo ao estudo e a fé foram o carro-chefe para que eu e minhas irmãs nunca desistíssemos de estudar. Eles se esforçaram ao máximo para nos dar aquilo que não tiveram. Para nos mostrar um mundo que não viveram. Ao contrário de muitos pais, eles nos incentivavam a aprender a viajar nos livros, a sonhar, e, muitas vezes, a vivermos como princesas, nos levando aos melhores restaurantes que podiam dar para nos ensinar como se dirigir ao garçom — tudo isso eles aprenderam na prática, à medida que iam mudando um pouquinho de vida.

Éramos considerados de classe média, então frequentávamos bons lugares. Minha mãe nunca trabalhou fora, meu pai não deixava, era ciumento; naquela época, era raro mulher trabalhar fora.

Quando éramos pequenas, minha mãe fazia o ofício da casa e da costura para nós. Ela amava moda como eu, e era chamada de modista. Costurava como ninguém, se debruçava nas revistas de moda que comprava e fazia vestidos lindos.

Como eu era pequena, ficava ao redor das costuras, fazendo e criando roupas de papel e tecido, com retalhos dela. Eu amava tudo aquilo, cresci escutando *Je t'aime* de Richard Clayderman, mas também Roberto Carlos, que ela amava. Das tantas qualidades que meus pais tinham, fomos ensinadas a respeitar o próximo, a não passar por cima de ninguém e a viver pela verdade.

Meu pai, homem simples, militar, operou em várias situações militares, aprendeu muito com as histórias da guerra, com os convites que recebia para ir à casa dos generais e brigadeiros com quem trabalhava; me ensinou a ter fé e a lutar bravamente por aquilo que almejava. Porque, ali, encontrava um mundo diferente e queria que conhecêssemos o lado melhor do mundo também.

Também nos levava ao lado oposto, para visitar alguns funcionários que moravam próximos às comunidades (favelas), assim também víamos a realidade.

Com isso, aprendemos muito, pois meu pai era daqueles que de "um limão, fazia uma limonada". Aprendeu cedo os ofícios da cozinha, ainda nas Forças Armadas, e com isso teve vários restaurantes, transformando-se em um gerente de cozinha internacional bem reconhecido.

Ele acordava às 4 horas da manhã porque perdia o sono traçando estratégias e planejamentos. Na realidade, ele parava e pensava na vida nas madrugadas, pensava em como cuidaria de nós quatro e minha mãe. Do meu quarto, eu via ao longe a luz acesa no banheiro e sabia que logo ele sairia para trabalhar.

Ele só voltava às 20 horas e eu já levava água quente para escaldar os pés dele, pois andava o dia inteiro pelos restaurantes e chegava em casa com muita dor no "esporão"; eu não sabia bem o que era isso. Eu fazia massagem nos pés e nas costas dele, tudo isso eu via e aprendia na TV, era minha escola. Meus pais foram excelentes educadores. Vejo hoje como o mundo é rápido e as pessoas só correm atrás da máquina. Meu pai trabalhava muito, mas aos fins de semana era nosso, e ele nos levava a passear em grandes parques, praias e restaurantes, dentro de sua possibilidade. Vejo que hoje não é bem assim, pais se preocupam com o futuro dos filhos, melhor escola, melhor estudo, mas têm pouca presença. O futuro é hoje! Acorde! Já estamos vivendo a era futurista de carros voadores em Dubai. É importante os pais estarem com seus filhos, realizarem pequenas tarefas, estarem ao lado deles. Passarem segurança, elevarem a autoestima deles.

É importante almoçarem em família quando possível, ajudarem na tarefa escolar. Coisas simples e que farão grande diferença na infância dos filhos. O dia inteiro, eu ficava com minha mãe, e com o pai ficava poucas horas à noite, pois ele trabalhava muito fora. Mas essas pequenas horas fizeram diferença em minha vida, pois tinham muita qualidade. Aos sábados e domingos, também tínhamos a presença deles, que nos levavam em visita à família dele ou ao teatrinho.

Eram pais maravilhosos. Aprendi a cozinhar vendo meu pai e minha mãe cozinharem; era tão bom estar na cozinha com eles, ouvindo as conversas na beirada do fogão com minha mãe. Ele frequentava restaurantes internacionais, então desde nova aprendi a lidar com temperos diferentes. Muito importante os filhos verem seus pais fazerem suas tarefas, serão memórias inesquecíveis.

Ele não era formado em gastronomia, mas era gerente de cozinha internacional, entendia tudo, pois lidava com chefes renomados e tinha curiosidade de aprender tudo. Por isso se tornou um grande chef de cozinha internacional. Passei a me identificar com a cozinha aos 12 anos, quando já arriscava fazer alguma coisa. Minha mãe ficou surpresa quando pedi: "Deixa eu fazer o arroz?". Ela perguntou: "Quem te ensinou?", respondi: "A senhora. Eu sempre vi você fazendo, lembra?".

Um conselho a você caro leitor: promova momentos em família ensinando coisas simples, deixe seu filho participar quando possível. Isso gera vínculo, aprendizado. Confiança! Eu sempre via minha mãe fazendo *espumone*, uma sobremesa de gelatina feita de uma caixa de morangos e creme de leite batidos no liquidificador, então peguei um livro dela de receitas e fiz a primeira sobremesa na cozinha: chamava-se "cavalo cansado".

Era deliciosa! Todos amaram, era à base de pão amanhecido, creme belga e leite condensado. Todos temos nossa musa inspiradora, e a minha foi minha mãe, mulher simples, de beleza delicada, pele clara, olhos verdes, delicada ao falar e agir. Seu filho também deve ter você como inspiração em sua vida. Pense nisso! Minha mãe também foi musa inspiradora nos ofícios da cozinha, eu só observava o que ela fazia e, assim, aprendi a cozinhar.

Amava seu rocambole de batata com carne e seu frango caipira com macarrão, arroz e maionese. Bem comida de mineira. Eu fui crescendo e só via ao meu redor tanta inspiração, com isso minha criatividade era gigante. Eles sempre me apoiaram e incentivaram. Não me lembro de ter escutado as palavras "não, isso não pode. Mas "sim, vamos tentar". O único "não" era para dormir na casa de alguém, até mesmo de parente, meu pai não deixava.

Era superprotetor, e como eu o agradeço por isso. E você, é protetor? Quando amamos, protegemos. É natural! Lá em casa, tudo era explicado e muito bem conversado. Eu não tinha medo das coisas nem deles, tinha respeito por eles.

Trouxe para minha vida a conversa e aplico isso até os dias de hoje, a importância de ouvir e dialogar. Eu era e sou daquelas que ama ouvir histórias, como aprendo com isso!

Eu pude criar a minha história baseada em tudo o que vivi; quem pouco viveu experiências não tem muito o que contar ou criar. Lembro-me de que uma das viagens a Minas Gerais, à casa da minha avó, eu vi um cavalo e falei que queria cavalgar. Meu pai nos levou, a princípio tive medo, o cocheiro foi puxando meu cavalo e minhas irmãs davam risadas, pois elas iam sozinhas. Detalhe, eram menores em tamanho do que eu. Logo que senti segurança, pedi que o cocheiro largasse as rédeas:

o cavalo disparou e ali me senti livre; corri, corri ladeira abaixo a perder de vista. Eu tinha apenas sete anos.

Minha paixão por cavalos começou ali. Eu tinha pena de bater na barriguinha deles, os tratava com amor, e em todas as férias a diversão era montar a cavalo. Essa liberdade é a que devemos ter de deixar em nós a segurança. Eu era uma criança tímida e insegura para algumas coisas, e ali percebi que "eu posso", "eu consigo"! O cavalo foi o trampolim que eu precisava para mostrar minha garra e determinação aos meus pais e irmãs. Nossa vida é permeada de altos e baixos. Não devemos nos abalar, mas buscar força onde temos. Eu era daquelas crianças que, em festas, só ficava sentada ao lado da minha mãe, ninguém me tirava de lá.

Como disse, eu era tímida. Na realidade, tinha medo, insegurança, acho que toda criança passa por isso. São fases em nossa vida, mas quando despertamos, ninguém segura. Minha mãe era meu porto seguro. Acredito que toda mãe seja como uma "galinha que choca seus pintinhos". A mãe protetora, a mãe que gerou no útero ou no amor, a "mãe leoa", assim era a minha. Afinal, quando nasci, fiquei internada em um hospital e saí de lá para morrer, não tinha mais jeito, peguei várias infecções com apenas três meses de vida, e foi minha mãe quem me levou para casa porque eu ia morrer. Mas a fé dela me alcançou e recebi um grande milagre, e hoje estou aqui relatando-o. Esse milagre contei em um outro livro, *As incríveis*.

É essa força e fé que me conduzem. Qual é a sua força? Onde você busca coragem diária? Imagino que você deva estar se perguntando isso. A minha força, minha fé me faz persistir! E ali, diante daquele animal nas férias, mostrei a minha força, aquilo que estava escondido dentro de mim. Segurei o cavalo, no início com medo, cavalguei um pouco com o cocheiro ao lado, aprendi, peguei segurança e fui. Esse medo nunca mais ficou retido. Eu o eliminei. Olhava para aquele animal dócil, mas veloz, e isso me encantava. Sempre tive vontade de voar, andar de avião, mas ainda não tínhamos condições. Então acredito que, ao cavalgar com rapidez, me veio a sensação de liberdade e confiança de que eu precisava. E quando cheguei de volta do passeio, perto de meus pais, eles bateram palmas e foram só elogios. Sim, eu precisava daquelas palmas e elogios para mostrar quem eu era. Na vida, precisamos de elogios, precisamos de pessoas que nos incentivem, nos deem coragem; precisamos de pessoas que acreditem em nós.

Precisamos de pessoas que nos aplaudam, que digam: "Parabéns, você acertou!". Isso foi o combustível que me proporcionou chegar aonde cheguei. Aprendi pelo caminho da cavalgada, com os paralelepípedos por onde o cavalo cavalgou, que teríamos dificuldades na vida, medo, insegurança, e com a chicotada que o cavalo ganhou e correu, pude mostrar que eu o dominava.

Então, muitas vezes essa história se repetiria em minha trajetória: percalços, dificuldades e o gosto da vitória.

Acredito que em sua vida também apareceram dificuldades, e se você não souber administrá-las, faça como eu fiz, peça ajuda, aprenda, tome confiança e se dedique.

Em outra ocasião, já com meus dez anos, ninguém me segurou. Toda oportunidade que eu tinha, nas férias, para cavalgar, eu o fazia. Recordo-me de que fomos à fazenda de um tio chamado Murilo. E lá tinha cavalos de raça. Tive oportunidade de sair cavalgando pela fazenda, mas quando estava em cima do cavalo, ele relinchou, empinando; o cocheiro pediu que eu segurasse firme nas rédeas, tentou dominá-lo, mas na realidade perceberam que era uma cobra que havia se levantado para morder o cavalo.

Assim que bateram na cabeça da cobra, o cavalo amansou. Na hora, tive medo de cair, de não aguentar segurar as rédeas etc., mas me lembrei da minha fé e chamei: "Jesus, me socorre!". Tive uma força que veio do alto e não me fez desistir. Somos fracos, às vezes desistimos facilmente de tudo. Mas ali não tive dúvida, tive uma lição. Aprendi que qualquer atitude diferente do animal, temos que observar, porque existe algum perigo. Isso me serviu de ensinamento.

Aprendi que a força do pensamento positivo comanda tudo, e que o medo só traz mais medo! Assim é na vida, no trabalho e na família. Retire a palavra medo de seu caminho, pois isso só atrapalha.

Se for preciso, pegue um cavalo e tente dominá-lo. O meu cavalo das férias me ensinou a dominar meus medos. Tanto é verdade que até hoje não posso ver um cavalo, amo de paixão. Inclusive o primeiro objeto do meu escritório foi a escultura de um cavalo e um leão como símbolo da força e da coragem.

Não tenho superstição com nada. Mas, como acredito que somos parte da natureza e os animais também são, aprendi com eles essa força.

Coragem sempre, siga sempre em frente e puxe as rédeas da vida quando for preciso. Seguir em frente significa não olhar para trás como forma de arrependimento, mas tirar o que de bom lhe restou. O cavalo é um animal fantástico, inteligente a ponto de, quando caminha, sente a respiração de quem está cavalgando. Tanto é verdade que ele serve muito para pessoas portadoras de anomalias fazerem terapia. Para mim, posso afirmar que cavalgar foi terapia.

A nossa personalidade está ligada muito aos animais, e a minha personalidade é de sempre lembrar de pessoas na minha vida, de lembrar de lugares aonde fui, onde estive e de lembrar de várias situações da vida e coisas que vivi, armazenando, em minha memória, cenas e fatos com facilidade. Essa é a minha personalidade e por isso me identifico com essa história do cavalo.

Existem vários estudos, inclusive um da Universidade de Sussex, que afirma que "os cavalos não são só capazes de reconhecer a voz de seu dono, mas também de criar imagens mentais do dono e diferenciar vozes". Por isso me identifiquei com esse animal. Sem contar que é o animal mais sensitivo do planeta, capaz de perceber uma mão ou uma perna trêmula.

Por isso, no momento em que ele viu a cobra, relinchou, se ergueu todo para me proteger. Sentiu-se ameaçado. Mas teve cuidado e carinho comigo, foi protetor. Assim devemos ser: protetores, devemos observar como o cavalo, agir delicadamente como ele, ser sensível em situações e em tudo na vida, em especial com pessoas, com familiares; em caso de necessidade, cuidar. Puxe sempre as rédeas quando precisar, sem medo, sem ameaças, ame seus pais e guarde com carinho todos os seus ensinamentos.

Guarde tudo o que puder na memória, porque momentos de aprendizados são graças divinas que vêm e que vão.

Nunca se esqueça: na velhice, honre seus pais e traga sempre em sua memória o que aprendeu, isso é bom demais para ser esquecido. São histórias importantes demais para ficarem no anonimato.

Tenha paciência, ao longo da vida, para aprender, e amor o suficiente para ensinar, assim vencerá as dificuldades e essas lembranças não cairão no anonimato. Assim fará sua colcha de retalhos.

Com carinho,

Cássia Silva

07

DA PEQUENA BURITI À "BIG APPLE"

Do menino sonhador do interior, passando pelo jovem que, aos 18 anos, chegou a Londres e guiou estudantes brasileiros por cinco países na Europa, até chegar a diretor pedagógico da Yázigi Internexus, em Nova York. O maranhense, Cidinho Marques, construiu uma trajetória ímpar como pioneiro no ensino de inglês, que começa no início dos anos 1970, em São Luís. É ele quem conta essa história de sucesso.

CIDINHO MARQUES

Cidinho Marques

Pedagogo, pós-graduado em Neuropsicologia, mestre em Educação (Columbia University, USA) doutorando em Psicologia, *master* em *coaching* pelo Instituto de Coaching Comportamental de Singapura, *coach* executivo pela Faculdade de Coaching de Washington (EUA), *master* e *trainer* em PNL pela Sociedade de Programação Neurolinguística (EUA), certificação internacional em Psicologia Positiva, instrutor de meditação (Deepak Chopra Center, EUA), escritor e palestrante.

Contato
profcidmarques@gmail.com

Cidinho Marques

O homem que me tornei, ao longo destas sete décadas que completo neste ano (2023), está ligado para sempre àquele menino que fui, aos meus pais, ao filho, ao irmão e ao pai que sou agora. Minha origem vem do interior do Maranhão, mais especificamente da pequena Buriti de Inácia Vaz, onde nasci em 15 de março de 1953. Meu pai, Horocídio Marques de Sousa, é o eterno ídolo de uma família de nove filhos, aos quais proporcionou a possibilidade de receberem formação. Um a um, começando pelo filho mais velho, nos permitiu chegar até São Luís, para cursarmos o ginásio e daí darmos passos mais largos em direção ao conhecimento, o que ele, o velho Horocídio, tinha como valor maior de vida.

Hoje sou pedagogo, especialista em Neuropsicologia, mestre em Educação, doutorando em Psicologia, estudante de Psicanálise, instrutor de meditação, palestrante e escritor. Fui diretor pedagógico da escola de Inglês, o Yázigi, de São Luís, por mais de quatro décadas. Período esse que compõe os capítulos de uma história capaz de servir de inspiração para muitas pessoas, por ser uma luta que nos exigiu coragem e dedicação diante de tantos desafios. Minha esposa, Lourdes Marques, e eu estamos seguros de que realizamos um trabalho benéfico e comprometido com a sociedade. Durante todos esses anos, a nossa atuação imprimiu marcas na alma da cidade de São Luís do Maranhão. Seja por meio da educação direta, seja por meio de eventos culturais, científicos, literários e recreativos.

Histórias importantes demais para ficarem no anonimato

Costumo dizer que, ao nos casarmos, eu e Lou, como aprendi a chamá-la, casamos também com uma grande causa: a da educação, pois como disse alguém, "unir-se a alguém, sem se unir a uma causa, é tão incompleto quanto unir-se a uma causa sem se unir a alguém". Posso dizer que um verdadeiro amor nos uniu a tudo.

No início dos anos 1960, a capital maranhense tinha pouco menos de 160 mil habitantes. Uma província de quase 350 anos isolada ao norte do país. Nostálgica de um passado de grandeza econômica e brilho literário, a cidade lutava com as forças que lhe restavam para impedir que o salitre e o esquecimento lhe corroessem também o orgulho. Surge aí, nesse cenário, essa história, com meu irmão, Antônio Carlos Ferreira Marques (o Carlito), ao abrir uma escolinha de inglês na república onde morávamos, no centro de São Luís. O número 94-b da Rua Isaac Martins, na descida para a lendária fonte do Ribeirão, hospedava e acolhia jovens mancebos, que como eu vinham do interior em busca da grande conquista: o sonhado curso ginasial, hoje correspondente ao segmento do Fundamental Maior da Educação Básica. Neste ninho de fraternidade, de alegrias e privações, uma pequena escola de Inglês germinou em uma das salas da república, que durante a noite era um dos poucos quartos de dormir onde várias redes se entrelaçavam com as brincadeiras de adolescentes que incluíam até futebol de bola de meia. Aquilo era o embrião do futuro empreendimento que se chamaria Cifpromar (Curso de Idiomas Falados Professor Marques), a escola de inglês, que mais tarde tornar-se-ia Instituto de Idiomas Yázigi, sob a batuta do Carlito (que viria a ser conhecido e reconhecido como Prof. Marques). Ele e sua esposa, Rita de Cássia, iniciaram uma verdadeira revolução metodológica no ensino de idiomas em São Luís.

A minha trajetória no Yázigi é iniciada no curso da rua Isaac Martins. Eu, por ser o mais novo, era uma espécie de mascote da turma e ajudava como podia. Uma de minhas atribuições era servir de enceradeira, já que um aparelho de verdade seria inalcansável em uma casa onde mal havia rádio de pilha. Eu me divertia muito sentado sobre um saco de estopa, enquanto era agarrado pelos pés e rodopiado sobre os tacos de madeira até que estivessem todos brilhando. Esse era eu, um garoto de 12 anos, com o diploma do primário na mão, pronto para viver em São Luís, prestar o exame de admissão e conquistar uma vaga em uma sala de aula do ginásio. Mais tarde, aos 14 anos, comecei a trabalhar como secretário na escola Cifpromar e fazia um pouco de tudo. Servia cafezinho, ia a bancos, entregava cartas, datilografava e imprimia no mimeógrafo as lições de inglês; enfim, contavam comigo para o que fosse preciso. A transformação do Cifpromar em Yázigi me encontrou estudando inglês havia dois anos e dando aulas particulares.

    Aquela mudança era uma espécie de assombro no meu mundo, que aos poucos se desenvolvia. Eu era e ao mesmo tempo não era mais o garoto que sabia fazer carvão, pescava camarão de noite, bebia água do rio, cujos referenciais e linguagem eram tipicamente interioranos. Eu estava agora na capital. Ali se andava de bonde, de carro e de ônibus, ali eu podia ver pela televisão o mesmo Roberto Carlos que ouvia no rádio, no interior.

    De tanto "servir de enceradeira" para a casa, aprendi a engraxar sapatos e ganhava uns trocados engraxando os pisantes da galera nos finais de cinema. O apurado me fazia sonhar na frente da tela do Cine Eden com as aventuras de Zorro, Golias, Ben Hur, uma infinidade de filmes de caubói e com o busto sedutor de Brigitte Bardot. Mas eu já sabia que a vida real não era cinema. Por outro lado, eu amadurecia depressa no corpo e na mente. Mais um triênio e me chegou o momento de me dedicar aos estudos preparatórios para prestar o famigerado vestibular e entrar no curso de Medicina. Eu trabalhava e estudava febrilmente, fazendo cursinho à noite depois de dar aulas de manhã e à tarde no Yázigi. Ao chegar em casa por volta das 11 da noite, ainda encontrava energia para estudar até as 2 horas da manhã. Minha aprovação e a formação como médico pareciam certas, mas o destino jogou os dados e apareceram novos planos.

E lá estava eu dentro de um avião, indo para Londres, acompanhando, como bolsista, uma turma de estudantes em uma viagem de 45 dias pela Europa – um sonho nunca antes imaginado. Eram 20 alunos do Yázigi São Luís. Na Inglaterra, eles fariam um curso de inglês e eu daria aulas pelo método Yázigi. No meio da excursão, o guia geral, que era de São Paulo, adoeceu e voltou para o Brasil. Nossa turnê ainda previa a passagem do grupo por cinco países. A agência responsável pela viagem me elegeu como o novo guia geral. Eu tinha 18 anos e estava vivendo a minha primeira experiência em uma viagem internacional e assumindo o compromisso de guiar o grupo brasileiro em um giro por cinco países. Ainda hoje me lembro extasiado com um mundo que só vira pelas fotos e imagens de televisão, da mesma forma que ainda me divirto com as gafes cometidas por um inexperiente jovem em uma cidade internacional. Mas da mesma forma que me orgulho de ter sido capaz de substituir o guia do grupo, divirto-me ao lembrar que na Suíça, ao experimentar *fondue* pela primeira vez, provoquei risadas da turma ao tentar assar a carne do espetinho no fogo de baixo e não no queijo derretido do *rechaud* de cima. Mas a missão foi tão exitosa que, ao pisar em solo brasileiro novamente, fui recebido, ainda no aeroporto, pelo dono da agência de turismo que havia organizado a viagem me convidando para assumir o emprego de guia oficial da empresa, convite que recusei por conta dos outros sonhos que já nutria em minha mente. Terminei deixando de lado as provas para o vestibular de Medicina, me dediquei cada vez mais às aulas de inglês e comecei a pensar em uma graduação em Letras ou Pedagogia.

Conheci minha esposa, Lourdes, no Yázigi, no momento em que ela foi contratada para dar aulas de inglês, após viver um ano no exterior. Tornamo-nos amigos, preparávamos aulas juntos, compartilhávamos histórias pessoais e logo, logo nos aproximamos. Nosso início de namoro coincide com o período que meu irmão Carlito, o diretor da escola, foi convidado para trabalhar na sede de São Paulo, devido à ótima repercussão do seu trabalho. O Yázigi São Luís estava no auge, Lou e eu éramos destacados professores. Ela tinha 16 anos e eu, 18.

Meu irmão estava decidido a se fixar na capital paulista, o que fez surgir a inevitável questão sobre quem ocuparia o lugar do fundador, ou seja, quem compraria a escola. Apesar da pouca idade, eu era visto como sucessor natural, mas nem eu nem a Lou tínhamos recursos para bancar tal aquisição. No fim das contas, decidimos encarar o desafio movidos por um grande amor àquele trabalho, à missão educacional e sobretudo à continuação do reconhecido bem social que a escola já conquistara na sociedade. Não tínhamos condições financeiras nem crédito e éramos muito jovens, mas ao cabo de dois anos havíamos quitado os compromissos financeiros para com a compra da escola.

Lembro-me com orgulho de que aproveitávamos os finais de semana para consertar móveis para os professores, decorar as salas ou fazer a limpeza. A Lou me surpreendia cada vez mais com sua determinação e capacidade de trabalho, e nosso romance só se fortalecia com isso. Longe de demonstrar cansaço ou qualquer arrependimento, ela não apenas assumiu de bom grado sua cota de sacrifício, mas trouxe consigo a solidariedade da família, especialmente depois que casamos e chegaram nossos filhos, Rodrigo e, depois, Rafael. Sem a ajuda dos pais dela, dificilmente teríamos tido condições de alavancar o trabalho do Yázigi naqueles primeiros anos. Devo dizer que sou muito grato a eles até hoje.

Histórias importantes demais para ficarem no anonimato

Tenho orgulho da ascendência da minha amada esposa, especialmente em questões financeiras e de disciplina na vida; uma verdadeira coluna de sustentação a tudo o que conquistamos até hoje. Atualmente, orgulho-me dela ainda mais ao vê-la como uma grande empreendedora de ações de responsabilidade social.

Em nossa história como empreendedores na educação, sempre funcionamos como uma dupla dinâmica: eu sou o pedagógico e ela é o financeiro. Foi com essa fórmula que, no difícil início, conseguimos fechar as contas em dia e dar visibilidade à escola. Assim comecei a crescer também na organização nacional da empresa. Participei de vários encontros regionais norte-nordeste e em um deles fui convidado pelo presidente do Yázigi a assumir a diretoria regional. Depois assumi por quinze anos a diretoria da região Norte, que também abrangia São Luís, como sede.

Essa experiência foi decisiva para o crescimento da nossa escola. A condição de sede de diretoria regional me garantia um contato mais estreito com a matriz em São Paulo, prestando contas do trabalho regional e participando das grandes decisões nacionais. Nessa época, também recebi o convite para integrar o Conselho Nacional Pedagógico, o que me deu chance de aprofundar meus conhecimentos da linguística aplicada. Das diretrizes administrativas e de marketing, a influência se estende também ao método, o coração do sistema Yázigi. Essa nova condição nos propiciava a liberdade para fazer experiências pedagógicas, um verdadeiro sonho para qualquer educador.

A partir daí, tivemos um crescimento exponencial a ponto de representar a organização em eventos internacionais. Eu fui o primeiro professor em toda a história do Yázigi brasileiro a ministrar uma palestra no TESOL, o maior congresso mundial para ensino de inglês, realizado anualmente nos Estados Unidos.

Na segunda metade da década de 1990, seguindo a tendência da globalização, começamos o processo de internacionalização do Yázigi. Em 1996, a escola abriu seu capital e fechou uma *joint venture* com uma rede de escolas de inglês norte-americana chamada ELSC, com a qual já trabalhava em intercâmbios e cursos intensivos.

Aqui vale ressaltar um fato interessante com relação ao ensino de inglês no Brasil. De um modo geral, os brasileiros ensinam inglês para estrangeiros com mais *expertise* que os norte-americanos, por uma razão muito simples: é mais difícil ensinar inglês no Brasil do que nos Estados Unidos, o que força o surgimento de soluções e métodos criativos. Contando com esse diferencial e com sua larga e exitosa experiência, o Yázigi começou a abrir escolas em outras regiões nos Estados Unidos. A primeira escola Yázigi Internexus foi aberta em Nova York, a famosa Big Apple, já em regime de *joint venture*. Para que esse projeto fosse bem-sucedido, era preciso contar com profissionais experientes dos Estados unidos, que entendessem de marketing, finanças e administração norte-americanas. A colaboração do Brasil seria ter alguém em Nova York que entendesse profundamente da teoria e da prática do método Yázigi, porque o caminho natural para o Yázigi Internexus seria a utilização do material do Yázigi ou, pelo menos, baseado em seu método. Foi, então, feita uma seleção dentre 350 diretores do Yázigi do Brasil e três foram selecionados para o trabalho. Meu nome foi o escolhido para abrir a primeira escola Yázigi Internexus na praça mais competitiva do mundo, mas sobretudo para encarar o desafio de ensinar os norte-americanos a ensinarem sua própria língua para imigrantes de várias partes do mundo.

Minha missão, como diretor pedagógico, era treinar e coordenar os professores norte-americanos. Foi exigido de mim que fosse o cérebro por trás do currículo e do programa criado pela escola de Manhattan. Outra particularidade do projeto era o fato de que o Yázigi Internexus era hospedado pela Faculdade Berkeley, em Nova York, funcionando em um espaço cedido pela instituição. A Faculdade de Letras mantinha um departamento de inglês cujos alunos eram os estrangeiros da faculdade. Alguns meses depois de nossa atuação no Yázigi Internexus, eles nos convidaram a cuidar da coordenação do TESOL (ensino de inglês para falantes de outras línguas), o que para nós punha mais peso ainda em nosso desafio. Como se não bastasse, após mais alguns meses, fui convidado a coordenar o trabalho pedagógico de toda a rede das escolas ELSC que não pertenciam à Internexus. Aceitei, mas logo depois declinei. Era muita responsabilidade, e sabia que não daria conta. A humildade e o desapego ao ego venceram!

Na minha análise, o sucesso empresarial e pedagógico alcançado pelo Yázigi São Luís ao longo de mais de quatro décadas está ligado à alimentação motivacional que o grupo conseguiu conceber e transmitir. Para mim, o grande sucesso do Yázigi foi crescer nacionalmente transmitindo entusiasmo, usando o inglês para sensibilizar seus alunos para causas ecológicas e humanitárias. Temos muito orgulho do trabalho que nossa família fez e continua fazendo, por meio da educação em favor de um mundo melhor.

Ao escrever parte dessa história, não há outro sentimento que substitua o que mais ressalta em meu coração sempre que trago de volta memórias tão edificantes e emocionantes para mim: Gratidão. Sou, e serei, sempre muito agradecido a Deus, fonte maior de todas as minhas forças, aos meus pais e à minha família primeira como inspiradores e cuidadores de minha vida, à minha esposa e aos queridos filhos, Rodrigo e Rafael – como razões maiores do meu viver – e, indubitavelmente, a todos os meus professores e colaboradores.

Hoje, sou presidente do conselho deliberativo de um grande complexo educacional em São Luís, que abrange uma respeitada escola de educação básica (COC), reconhecida nacional e internacionalmente, uma faculdade de aulas presenciais (ISL Wyden) e uma outra que funciona como polo EAD (Faculdade

Estácio). O Yázigi não está mais em nossas mãos, mas permanecerá para sempre no coração da história de minha família como sendo a grande fonte de inspiração, aprendizagem e exemplo de grandes conquistas. Afinal, foi o Yázigi que me levou da pequena Buriti à Big Apple!

CORAGEM PARA SER FELIZ

Como benfeitora da humanidade, este capítulo veio do meu coração com o grande desejo de ajudar com a minha história de vida, com todas as minhas experiências e o meu conhecimento para que você possa evoluir, crescer e progredir. Se você tem a felicidade como propósito de vida, o crescimento, a satisfação pessoal, o sucesso com grandes realizações, se você deseja brilhar e contribuir com a evolução da humanidade, com um mundo de paz, onde o amor seja para todos uma missão de vida, basta ter a coragem para ser feliz, basta ter a coragem para mudar, basta fazer acontecer, basta fazer dar certo, basta fazer a sua vida brilhar e virar uma história importante para contar.

CLAUDIA SABBATINO

Claudia Sabbatino

Brasileira, natural do Rio de Janeiro, acadêmica com o título de Benfeitora da Humanidade na Academia Brasileira dos Intelectuais (ABI), cadeira 53; acadêmica cadeira 89 na Academia Brasileña de Ciencias, Letras y Artes (AHBLA); formada em Gerontologia, Bem-estar e Educação e História; MBA em Neurociências e Psicologia Positiva; pós-graduada em Nutrição Clínica e Estética; pós-graduada em Inteligência Emocional; professora formada; psicanalista, escritora, terapeuta, *master* mentor com tripla certificação, *practitioner* em psicologia positiva com certificação internacional, *master coach executive; master* em inteligência emocional, *master* analista comportamental; *master* em psicologia positiva, *master practitioner*, *master* líder, *master* em hipnose e diversos outros cursos do desenvolvimento humano. Como mentora de psicologia positiva e inteligência emocional, com especialização em Carreira e Orientação Vocacional, eu procuro evoluir e progredir a cada dia, estudando sempre para servir e transformar vidas. Coautora dos livros *Coragem para perdoar, Mentoring coaching & advice humanizado ISOR, Virtuoso ou vicioso? O desenrolar de cada relação.*

Contatos
mentoraclaudiasabbatinooficial@gmail.com
claudiasabbatinooficial@gmail.com
Facebook: Claudia Sabbatino Oficial
　　　　　Claudia Sabbatino
Instagram: @claudiasabbatinooficial
YouTube: Mentora Claudia Sabbatino Oficial
　　　　　Claudia Sabbatino Oficial
LinkedIn: Claudia Sabbatino
21 97989 4646 / 21 99452 2714

Claudia Sabbatino

Eu sou a minha história, eu sou os lugares por onde passei, por onde fiquei; eu sou as minhas escolhas, os meus erros e também sou os meus acertos; eu sou as minhas lembranças, eu sou os livros que li, as pessoas com quem eu convivi; eu sou os valores que desenvolvi, eu sou cada problema que me fez chorar, cada decepção por que me fizeram passar, cada motivação que me fez lutar; eu sou cada dia em que eu aprendi a me amar, eu sou a coragem que me fez mudar, eu sou cada injustiça que sofri, eu sou o que eu vivi, eu sou todas as lições que, com a vida, eu aprendi. Eu sou o amor do meu coração, que vive com respeito e gratidão. Transformar as vidas é a minha missão, que tem a bondade como inspiração, a felicidade como motivação, deseja a paz com cada irmão e quer ver o mundo sempre em evolução.

Eu gostaria de contar um pouco da minha história, de toda a minha trajetória de vida. Meu nome é Claudia Sabbatino, sou natural da cidade do Rio de Janeiro, solteira. Tenho um filho, Gabriel Alexandre, que é a minha felicidade; meus pais, por quem tenho toda a gratidão; minha irmã, Carla, que amo muito; o homem que é o amor da minha vida e todas as doces pessoas queridas e maravilhosas que Deus me deu como presentes divinos na vida. Eu sou mentora de Inteligência Emocional e Psicologia Positiva, Orientação de Carreira e Vocacional e será uma grande benção na minha vida se eu puder ajudar pessoas com as minhas experiências de vida, minhas lições, minhas dores, minhas conquistas, minhas motivações, minhas lutas, minha coragem.

Todas as pessoas têm seus desejos, seus objetivos, suas metas e fazem planos, criam expectativas, idealizam vidas extraordinárias, ou seja, todos estão em busca da satisfação pessoal, da grande felicidade. Esse também sempre foi o meu projeto de vida, com toda certeza. A vida, para mim, sempre foi cor-de-rosa. Eu sempre enxerguei o mundo com os olhos do amor. Todas as pessoas para mim sempre foram maravilhosas e eu nunca conseguia ver maldade em ninguém. O amor, para mim, sempre foi prioridade na minha vida, e todos os assuntos ligados a ele sempre estavam em primeiro lugar. Eu só conseguia pensar em um casamento, constituir uma família e me dedicar ao meu esposo e filhos. Eu passei minha adolescência toda com esse único pensamento, essa ideia fixa, e não conseguia mais pensar em outra coisa na vida.

O amor, sempre o amor sendo tão doce, puro, delicado, que toca a nossa vida, a nossa alma com todo o seu romantismo e muita elegância, despertando no coração os mais doces sentimentos infinitos e eternos. O amor é divino, é sagrado, é o próprio Deus exaltado no nosso coração para sempre eternizado. O amor é Jesus abençoado, que nos ensinou a amar e por nós deu a sua vida crucificado. O amor é emoção pura, é respeito e bondade, amor é a cura de cada coração, de cada alma repleta de ternura.

A adolescência foi a fase de propósito e projetos de vida, de construção de um futuro, de traçar metas para viver com satisfação pessoal e desejos realizados. A minha infância foi maravilhosa e a minha adolescência, de romantismo, que o amor enfeitava com toda a sua doçura. Esse doce sentimento tinha tanta importância para mim que se tornou minha própria vida e a razão do meu viver. Eu sempre fui uma boa aluna na escola, com boas notas, excelentes professores e doces colegas, mas o amor estava sempre em primeiro lugar, quando nossos estudos devem andar de mãos dadas com o amor, principalmente nessa fase.

Hoje, eu sou mentora de Carreira e Orientação Vocacional e tenho projetos para adolescentes. Para mim, essas doces pessoas são o futuro do nosso país, os futuros profissionais que darão continuidade ao nosso progresso e a evolução da humanidade. Hoje, eu me dedico a esses adolescentes maravilhosos com o objetivo de ajudá-los, de orientá-los para que eles tenham os estudos como algo primordial em suas vidas, para que eu possa resgatar, em cada um deles, a Claudia que passou inúmeros problemas na vida e para quem, se tivesse tido mais dedicação aos estudos, tudo teria sido diferente.

Na minha adolescência, eu fiz o curso de Formação de Professores do primeiro segmento; sempre gostei muito de crianças, da inocência que elas têm, da doçura que elas transmitem. Até hoje, guardo os desenhos que ganhei de presente, e todos os dias do meu estágio traziam lanchinho para mim. São doces recordações da minha vida de que jamais vou esquecer, doces anos. Como todo adolescente, eu estava construindo minha vida, e a felicidade para mim estava entre o Magistério e o Jornalismo, que também sempre admirei, almejando um dia ser âncora de um telejornal.

A orientação vocacional é de extrema importância na vida de um adolescente e fornece um diagnóstico das características individuais que mais se ajustam a determinada área ou profissão. Essa mentoria vocacional, essa orientação, esse aconselhamento tem o objetivo de focar o autoconhecimento, que ajuda o jovem a identificar o que mais gosta de fazer, entender melhor o próprio perfil, paixões profissionais e o que lhe dá mais prazer. É através dessa orientação que o jovem começa a entender e compreender os seus comportamentos, analisar a si mesmo e, assim, vai encontrando o caminho que deve seguir.

Histórias importantes demais para ficarem no anonimato

A construção de um projeto de vida, ter um propósito, o que os adolescentes almejam, definem para si em relação ao futuro e ao mundo profissional é uma forma de despertar para seus interesses, os seus objetivos e potencialidades, favorecendo o autoconhecimento, a sua autonomia e a tomada de decisões responsáveis. Para o adolescente, projetar o seu futuro e atuar sobre ele representa uma grande chance de efetivação de seus desejos e uma maneira de dar significado a sua vida e a sua trajetória.

No seu projeto de vida, o jovem deve conectar a sua história com o contexto em que vive, sua família, suas experiências, as suas vivências diárias, aprendizados, e a escola também assume o compromisso com a formação integral dos alunos. Isso significa promover a sua evolução, desenvolvimento pessoal e social por meio da construção e consolidação de competências, habilidades, valores que incidirão sobre os processos de tomada de decisões ao longo da vida do adolescente. Com a ajuda da escola, da família e da orientação vocacional e de carreira, o adolescente fica preparado para fazer escolhas alinhadas ao seu percurso e história de vida, que propiciem a definição de um projeto, seja no campo do estudo ou no profissional, como também para um estilo de vida saudável, ético, e que promova o exercício pleno da cidadania.

Em 1991, eu ingressei na faculdade de Comunicação Social com o objetivo de seguir o Jornalismo, que era a vocação que brilhava em mim. A televisão sempre foi a minha grande paixão, e seria uma felicidade e uma grande satisfação participar desse ambiente. Eu tive uma educação muito rígida e, como a maioria dos adolescentes, eu também não aceitava muitas regras. Por muitos anos, vivi muito triste e deixei os meus estudos em segundo plano na vida. Foi por ter colocado os estudos de lado que vieram todos os meus problemas e isso se tornou a fonte de todas as situações que eu passei na vida.

A faculdade de Jornalismo não foi concluída, e todos os dias da minha vida eu convivi com perguntas sobre qual seria a minha formação acadêmica: o que eu tinha feito? O que eu tinha estudado? Em que eu trabalhava? O que eu fazia? Isso me deixava muito triste. Muitas vezes, eu procurava pessoas querendo carinho e as únicas perguntas que eu escutava eram se eu estava estudando ou trabalhando, quando o que eu mais precisava era de amor, de acolhimento, de compaixão, de empatia e de alguém que me escutasse.

Em 1998, eu comecei a trabalhar em uma empresa aérea e lá tive muitos aprendizados. Foi meu primeiro emprego e isso foi muito importante na minha vida. Lá fiquei até 2003, quando decidi retornar para a faculdade, ingressando em Direito. Até 2004, eu estudei, quando nasceu meu filho, em dezembro daquele ano e, infelizmente (mais uma vez), eu não consegui prosseguir com os meus estudos. Quando eu fui mãe, e percebi a grande responsabilidade que é educar um filho, pude compreender os meus pais e que todas as orientações que eles sempre me deram eram as certas, com todas as suas regras. Eu compreendi que o amor é belo, maravilhoso, mas que os estudos devem estar no mesmo nível de importância na nossa vida.

A educação é fundamental, não pode ser esquecida. A educação sempre foi e sempre será o caminho correto para uma sociedade séria e evoluída. Aquele que tem a sua formação, o seu trabalho, é abençoado na vida. A sociedade faz cobranças, todos fazem exigências e muitas pessoas ferem, magoam, abrem feridas. As pessoas selecionam outras e você chora quando elas acham que outra têm sempre algo melhor do que você. Por isso é que lá atrás, na juventude, na adolescência, é importante que os jovens escutem seus pais, cada conselho, cada orientação, que os obedeçam, estudem sempre, se formem, tirem boas notas, respeitem a escola e os professores, tenham, a cada dia, preocupação com o futuro, porque, se não existir essa preocupação, a vida vai ensinar o jovem a tê-la, vai ensiná-lo a aprender a viver, e ela ensina da maneira mais difícil e cruel para que uma pessoa possa aprender e fazer certo, nunca errado.

O ser humano, entre erros e acertos, está sempre em busca da felicidade, de uma vida em que ele se sinta completo, feliz, pleno, alegre, realizado, satisfeito. Ninguém é perfeito, mas todos nós podemos sempre mudar, evoluir, podemos sempre melhorar como seres humanos a cada dia; pior do que errar é não querer mudar. O desejo de transformar a sua vida é o primeiro grande passo para a evolução e o progresso. É ter a grande consciência de que você mesmo está sabotando a sua história. Você tem o seu destino nas suas mãos, você tem o poder de colocar a sua vida na direção da felicidade, você tem o poder de criar uma vida extraordinária. Essa grande missão de ser feliz está nas escolhas que você faz, nos caminhos que você segue, nas decisões que você toma e com as pessoas que você escolhe para conviver.

No ano de 2019, depois de realizar algumas atividades sem ter a plena satisfação e o progresso que eu desejava, retornei para a faculdade, ingressando em Nutrição, por que me apaixonei lendo muitas revistas sobre o assunto, e também ingressei na faculdade de Psicologia, Jornalismo, Biomedicina e outras com toda potência. Hoje já sou formada e, de 2020 até 2023, me formei em diversas áreas do desenvolvimento humano como *master mentor* e *master* também em psicologia positiva, *coaching*, inteligência emocional, programação neurolinguística, hipnose e realizei diversos cursos que modificaram totalmente a minha vida. Hoje eu vivo com a minha missão de amor para ajudar o próximo e transformar vidas com o meu conhecimento, todos os meus aprendizados e experiências de vida. Se eu consegui mudar a minha vida, todos também podem mudar, crescer e evoluir.

Com a minha coragem e a vontade de mudar a minha vida para ser feliz, hoje eu já sou formada em Gerontologia, Bem-estar e Educação, e História; com MBA em Neurociências e Psicologia Positiva; sou pós-graduada em Nutrição Clínica e Estética e em Inteligência Emocional; sou mentora de carreira e orientação vocacional e de psicologia positiva e inteligência emocional, com vários projetos feitos com uma empresa em processo de abertura, coautora de três livros já publicados: *Coragem para perdoar; Mentoring, Coaching & Advice Humanizado ISOR;* e *Virtuoso ou Vicioso? O desenrolar de cada relação.* Faço parte da Academia dos Intelectuais e Escritores do Brasil, cadeira número 53, com o título de Benfeitora da Humanidade, e também faço parte da Academia Brasileira de Ciências, Letras e Artes, cadeira 89, com gratidão.

 Na minha vida, eu aprendi que o amor é a doçura do coração e o brilho da alma, que o respeito é o que torna cada ser humano valioso, que ter compaixão é acolher cada irmão, que ter empatia é a dor do outro que sentimos a cada dia, que perdoar é o doce dom que Deus nos deu para amar, que ser grato é a virtude das almas nobres, que ter bondade é amar com ternura a humanidade, que ser da paz é um mundo de amor que você faz, que ter coragem para ser feliz é a grande motivação que você tem para crescer, mudar, evoluir e ter a vida que você sempre quis e que, na vida, cada lição é o seu renascimento, a sua chance de recomeçar e a sua salvação.

 Que a minha história de vida ajude muitas pessoas a ter coragem para ser feliz, para mudar e evoluir, que ajude muitos adolescentes a compreender mais os seus pais e entender que tudo o que eles orientam é para o nosso bem e com preocupação com o nosso futuro. Que os adolescentes amem seus pais, que são anjos do senhor na Terra, que obedeçam à escola e os seus professores, aceitando que a educação é a única maneira de evolução. Que estudem muito, nunca deixem de estudar, pois somos eternos aprendizes do saber. Que construam uma linda vida, que tenham, sempre, maravilhosos projetos para ela, tanto no campo pessoal quanto no profissional e que caminhem sempre rumo à felicidade, à satisfação pessoal, à realização de todos os desejos e a uma vida plena e extraordinária, com a certeza de que estão nesse mundo para serem felizes.

A união faz a força e juntos somos mais fortes. Você pode ser uma gota no oceano, mas, para quem será beneficiado com a sua ajuda, você será um anjo abençoado. Você pode ajudar a construir um doce mundo melhor, um futuro melhor, o estudo e o aprendizado devem ser diários e constantes. A transformação de uma vida pode acontecer a cada dia. A mudança, basta você a querer e aceitar de braços abertos. Não faça com os outros o que você não gostaria que fizessem com você e pegue sempre o que você passou na vida e o que fizeram a você e transforme isso em lições de positividade, evolução e crescimento. O mundo precisa de amor, de paz, de bondade, de respeito e de conhecimento. Seja um pacificador e faça a diferença.

A grande força é gerada por todas as coisas que fazem as pessoas felizes. Isso dá coragem. Que você viva sempre com muitos pensamentos positivos e que o seu coração seja sempre a morada de doces sentimentos. Que você viva a cada dia para agradecer os presentes de Deus na sua vida. Que você agradeça sempre pela sua família, pela sua vida, pelo amor, por todas as pessoas. A pessoa positiva é aquela que sempre enxerga o mundo com os olhos do amor, criando sempre ambientes de união, amor, respeito, paz, otimismo e positividade. O poder do pensamento e do amor são os maiores que existem. São forças que constroem os mais saudáveis ambientes de harmonia, os mais doces sentimentos, as mais carinhosas pessoas, e isso gera amor, gera gentileza, gera bondade, paz, caridade e qualidade de vida. Quando todos compreendem o poder que têm nas mãos, entendem que podem fazer desse mundo um lugar de amor, paz e felicidade.

Claudia Sabbatino

Que você se comprometa consigo mesmo, todos os dias, em buscar a vida que tanto deseja, em fazer acontecer o que você tanto almeja. Que a sua luz seja sempre o seu guia, iluminando os seus caminhos, e que você escute sempre a voz do seu coração. Que você encontre sempre a força para se reerguer de todas as dificuldades para conquistar vitórias. Que as grandes lições aprendidas sejam sempre as grandes experiências do seu futuro, que ajudarão outras pessoas, e que você saiba transformar o que fizeram a você em glórias positivas para a sua vida, em crescimento, em sucesso, em progresso, em mudança e em evolução. Que você viva sempre como um diamante que a cada dia é lapidado para sua perfeição, e que a sua fé seja sempre uma motivação para a salvação.

Que você viva sempre para o amor e a bondade, como hoje eu sou Benfeitora da Humanidade nesse mundo, servindo por amor ao próximo, transformando vidas com empatia, compreensão, união, compaixão, paz e acolhimento a cada dia. Que a sua alma seja sempre uma escuta ativa. Que você viva a cada dia com muito amor e gratidão no coração. Que você contribua sempre com a evolução da humanidade, com sua doce bondade, com toda a sua coragem, com o seu foco dando a direção para transformar seus desejos em realidade, encontrando na sua alma a força para viver em plena felicidade – e ela está dentro de você, brilhando com toda a intensidade. Que você faça acontecer, que você faça dar certo, que você tenha a coragem de ter a vida que sempre quis, que você tenha a coragem para ser feliz.

Que você sempre escute a doce melodia que vem dos corações e sempre enxergue com os olhos do amor a beleza que brilha nas almas. Nós só podemos conhecer a doçura da essência de uma pessoa quando permitimos que o coração dela comece a falar.

Com todo o amor do meu coração,

Claudia Sabbatino

09

O DIREITO SISTÊMICO E A MEDIAÇÃO COMO FORMAS ALTERNATIVAS DE SOLUÇÃO DE CONFLITOS

Neste capítulo, apresento como o direito sistêmico e a mediação contribuem para o desenvolvimento da pacificação social. O advogado sistêmico atua com uma consciência expandida sobre as relações humanas por meio do pensamento e de métodos sistêmicos. Já o mediador facilita a comunicação entre as partes para que elas construam eficazes possibilidades de solução para seus conflitos. Vamos conhecê-las?

DÉBORA DE FATIMA COLAÇO GODOY

Débora de Fatima Colaço Godoy

Graduada em Direito pela Universidade Paulista em 2002. Pós-graduada em Direito Público pela Escola Paulista de Direito; e em Direito Público e Privado pela Faculdade Professor Damásio de Jesus. Trabalhou no Ministério Público do Estado de São Paulo por nove anos. Exerce a função de procuradora do Município de Santo André/SP. É advogada atuante na área de família e sucessões, com abordagens sistêmicas e humanizadas, e mediadora de conflitos extrajudiciais. Formação em Pensamento Sistêmico e Constelações Familiares pela Sociedade Brasileira de Direito Sistêmico e em Mediação se Conflitos Extrajudiciais pelo Instituto Re_Conhecer. Palestrante. Escritora. Coautora do livro *Soft skills kids*, da Editora Literare Books International. Membro da Comissão Especial de Direito Sistêmico da OAB/SP e da Comissão de Direito de Família e Sucessões da OAB/101 – Tatuapé no triênio 2022/2024. Associada ao Instituto Brasileiro de Direito de Família – IBDFAM.

Contatos
dradeborabernardo@gmail.com
Instagram: @dradeborabernardo
11 98219 7495

Débora de Fatima Colaço Godoy

> *O advogado tem um papel social, e sua função é facilitar uma boa solução às partes, que beneficiará muitos sistemas.*
> FABIANA QUEZADA

Estou muito feliz e honrada com o convite para escrever sobre minha trajetória profissional como advogada atuante na área de família e sucessões e como mediadora de conflitos. Compartilho, então, a seguir, minha experiência nessas áreas.

No dia a dia, atendo pessoas que estão passando por momentos de dificuldades, com os mais variados conflitos, especialmente os familiares, em busca de orientação e ajuda, muitas vezes trazendo consigo uma dor emocional.

Como desempenhar o meu papel profissional de forma saudável e satisfatória? Como facilitar uma boa e efetiva solução?

Muitas vezes, a demora em se obter um pronunciamento judicial, em razão do exacerbado número de processos no Poder Judiciário ou da insatisfação com o resultado do processo, causava mais indignações ao cliente e, consequentemente, mais dores emocionais.

Percebi, então, que o meu papel de advogada deveria ir muito além do conhecimento jurídico, da aplicação das leis ao caso concreto e do encaminhamento de processos ao Poder Judiciário. Mas quais habilidades desenvolver para oferecer um atendimento mais humanizado e personalizado e uma solução que efetivamente restabeleça os laços familiares, a harmonia e a paz aos clientes?

E nessa busca da melhor performance profissional, conheci novas e eficazes possibilidades de solução de conflitos por meio do direito sistêmico e da mediação de conflitos, temas deste capítulo.

Direito sistêmico

O direito sistêmico é a aplicação da abordagem sistêmica de Bert Hellinger[1] aos conflitos de interesses na área jurídica, trazendo a consciência de que todos os indivíduos estão inseridos em um sistema interligado que se afeta reciprocamente com base nas seguintes "ordens do amor":

- **Lei do pertencimento:** todos fazem parte e cada um tem o seu lugar no sistema familiar. Pertencer é um direito de cada membro de um sistema e ninguém pode ser excluído por qualquer motivo, seja por um julgamento, repulsa ou negação de sua existência.
- **Lei da hierarquia ou ordem:** refere-se à posição adequada de cada integrante no sistema. Quem chegou primeiro tem precedência e merece ser respeitado e honrado. Assim, os mais velhos são hierarquicamente superiores aos mais novos. A consciência de qual é o meu lugar na hierarquia familiar possibilita leveza, paz e equilíbrio.
- **Lei do equilíbrio entre dar e tomar:** diz respeito às trocas que fortalecem as relações. Nelas, ambas as partes devem dar e tomar de forma equivalente. Ocorre um desequilíbrio quando alguém dá mais do que dispõe ou recebe mais do que necessita, gerando um enfraquecimento na relação.

---

[1] Bert Hellinger foi terapeuta e filósofo alemão. Estudioso da psicanálise, terapias familiares sistêmicas, gestalt, psicodrama e programação neurolinguística. Morou 16 anos na África, entre tribos zulus, oportunidade em que estudou sobre as leis universais e as relações familiares.

Débora de Fatima Colaço Godoy

Para Bert Hellinger, as ordens do amor, também chamadas leis sistêmicas, são forças que atuam em todas as relações humanas, inclusive familiares, ainda que de modo inconsciente, e devem ser observadas para que os relacionamentos se mantenham saudáveis. Assim, quando desrespeitadas, provocam desequilíbrios, doenças, conflitos e outras dinâmicas que dificultam uma vida plena e feliz.

Sami Storch, Juiz de Direito do Tribunal de Justiça da Bahia e precursor da filosofia hellingeriana no Judiciário Brasileiro, conceitua o Direito Sistêmico como "uma visão sistêmica do direito pela qual só há direito quando a solução traz paz e equilíbrio para todos do sistema". Segundo ele: "Muitas vezes, a verdadeira solução está oculta e as próprias partes têm condições muito melhores de encontrá-la do que o Juiz. A constelação auxilia para que os emaranhamentos de cada uma das partes abram espaço para vir à luz a solução conciliadora aceita e desejada por todos".

Ressalte-se que o direito sistêmico não se refere apenas à realização da técnica da constelação familiar, e sim a toda uma abordagem sistêmica a fim de facilitar a solução do conflito. Nesse sentido, não há necessidade de ser constelador para aplicar o Direito Sistêmico. Ademais, a aplicabilidade dele, apesar de ter como princípio os conhecimentos trazidos por Hellinger, também traz descobertas e experimentos de outros pensadores, cientistas e filósofos que estudaram o pensamento sistêmico.

Desde então, o Direito Sistêmico vem se difundindo em todo o Brasil e ganhando mais força a cada dia entre os operadores do Direito, não sendo um novo ramo seu, e sim outra forma de olhar para o conflito por meio do conhecimento e da utilização das leis sistêmicas, bem como de um atendimento humanizado ao cliente.

Portanto, é um campo de conhecimento que amplia a consciência e transforma a percepção sobre os conflitos, trazendo a possibilidade de uma atuação mais leve e satisfatória para o operador do Direito.

Durante meus atendimentos jurídicos, percebi a importância de conhecer as leis sistêmicas e compreender as questões advindas da família de origem do cliente em virtude dos padrões de comportamentos que se repetem de geração em geração, tornando-se recorrentes nas relações familiares.

Assim, a visão sistêmica acerca do conflito pelo qual o cliente está passando compreende o entendimento de que as partes compõem um sistema familiar com suas respectivas implicações.

Com o conhecimento do Direito Sistêmico, passei a oferecer um atendimento mais humanizado e personalizado ao cliente, com a compreensão de que ele está vinculado ao seu sistema familiar por intermédio de valores, crenças, contextos e comportamentos de sua família de origem que devem ser revistos, observados e respeitados.

Será que algum familiar desse cliente também passou por esse conflito? Quais foram as crenças, valores e comportamentos que ele adquiriu de sua família de origem?

E, com perguntas desse tipo, consigo vislumbrar de forma ampla o que está acontecendo, facilitando a expansão de consciência do meu cliente, com o objetivo de convidá-lo a refletir sobre sua relação e responsabilidade naquela questão e, assim, terá autonomia e poder para a busca de novas e eficazes possibilidades de solução do conflito.

O advogado sistêmico exerce sua profissão utilizando a postura, o pensamento, os princípios e métodos sistêmicos, atuando com uma consciência expandida sobre as relações humanas, restabelecendo o equilíbrio e a paz ao facilitar resultados eficazes e satisfatórios ao cliente.

Para um bom atendimento sistêmico, o operador do direito deve desenvolver em si as seguintes habilidades e capacidades:

- Autoconhecimento de suas questões psicoemocionais.
- Respeito pelas escolhas do cliente.
- Reconhecimento da capacidade do cliente em lidar com sua própria história, realidade e o conflito existente.
- Ausência de julgamento moral, ideias preconcebidas e expectativas.
- Papel colaborativo, estimulando a autocomposição.
- Empatia, escuta ativa, comunicação não violenta e estado de presença.

A postura sistêmica do advogado exige uma atuação respeitosa e ética, abstendo-se de intensificar o conflito e contribuindo para o desenvolvimento da verdadeira pacificação social.

Portanto, o novo paradigma do Direito Sistêmico nos traz a importância de se utilizar meios mais adequados para solução de conflito, partindo da cultura do litígio para a cultura de paz.

Mediação de conflitos

A mediação é uma das formas alternativas de solução de conflitos.

Os métodos de solução consensual de conflitos têm se fortalecido no Brasil em razão do exacerbado número de processos judiciais e do clamor social por uma Justiça mais humanizada e célere.

O processo judicial, mesmo com uma decisão favorável a uma das partes, às vezes não atinge o real objetivo: resolver definitivamente o conflito e trazer paz às pessoas envolvidas.

Onde estaria, portanto, a solução que gera paz e uma melhoria no relacionamento entre as partes? Surgem então os meios alternativos de solução de conflitos, dentre eles a mediação, para que as pessoas encontrem as melhores e mais adequadas soluções para seus conflitos, de maneira eficiente e assertiva.

No nosso ordenamento jurídico, há disposições acerca das práticas de tratamento adequado dos conflitos de interesses, estimulando a solução consensual dos conflitos e prevenindo litígios, entre elas a Resolução nº 125/2010 do Conselho Nacional de Justiça, a Lei nº 13.140/2015 (Lei de Mediação), o Código de Processo Civil (art. 3º, §§2º e 3º, arts. 165 a 175 e art. 694) e o Código de Ética e Disciplina da Ordem dos Advogados do Brasil (art. 2º, parágrafo único, inciso VI).

A mediação consiste em um método voluntário de autocomposição de conflitos facilitada pela intervenção do mediador.

O principal campo de atuação da mediação são as relações continuadas, em que, após solucionar o conflito, as partes manterão vínculos no longo prazo, como, por exemplo, as relações familiares, escolares, empresariais e condominiais.

A mediação pode ocorrer de forma judicial ou extrajudicial, e será abordada somente minha atuação como mediadora extrajudicial.

Poderá exercer a função de mediador extrajudicial qualquer pessoa capaz que tenha a confiança das partes e seja capacitada para fazer a mediação, devendo ser imparcial e neutra. Sua função é facilitar a comunicação entre as partes envolvidas, para que busquem novas alternativas de solução ao conflito. Portanto, a postura do mediador vai além de realizar acordos!

O mediador não tem poder decisório. Quando escolhido pelas partes, deverá esclarecer o processo de mediação, especialmente quanto à confidencialidade, privacidade e imparcialidade, bem como definir com elas todos os procedimentos pertinentes, inclusive se farão as sessões em conjunto ou separadamente.

Na hipótese de celebração de acordo na mediação extrajudicial, o mediador emitirá um termo de acordo extrajudicial, documento que será assinado por ele e pelas partes e que possui validade e força de título executivo extrajudicial. As partes também podem optar em requerer a homologação desse termo de acordo no Judiciário.

Com um comportamento colaborativo e saber qualificado, utilizo, nas sessões de mediação, técnicas da comunicação não violenta, escuta ativa, empatia, programação neurolinguística e perspicácia para entender o real contexto do conflito.

Assim, facilito para que as partes se comuniquem de modo esclarecedor, faço perguntas que as conduzam à reflexão para ampliação de consciência e responsabilidade que compete a cada uma no conflito a fim de que, juntas, construam caminhos favoráveis, oportunizando o resgate da dignidade e autonomia da vontade dos envolvidos.

Quando sou contratada como mediadora de conflitos, não faço um juízo de valor ou uma análise jurídica sobre a questão, uma vez que não estou atuando como advogada e, por questões éticas, baseio-me nos princípios e condutas da mediação.

Dessa forma, realizo com grande êxito a mediação entre familiares que estão enfrentando algum tipo de problema e que pretendem a solução pacífica e permanente, de forma não impositiva, o que nem sempre é obtido com uma decisão judicial.

Outra área em que atuo com frequência é a mediação escolar, que também produz resultados satisfatórios entre educadores, estudantes e pais.

Segundo Yulli Roter Maia e Ana Amélia Maciel: "Ao se viabilizar que as próprias partes solucionem suas próprias questões, a solução terá mais legitimidade e, por conseguinte, maior possibilidade de engajamento das partes em se adequar aos seus ditames".

A mediação é, portanto, um caminho eficaz para solucionar o conflito, uma vez que há um comprometimento do mediado, pois participou da construção daquela decisão.

Dentre os inúmeros benefícios proporcionados pela mediação, podemos destacar o desenvolvimento de soluções adequadas às reais necessidades e possibilidades das partes, a solução rápida e eficaz do conflito, a ausência do custo financeiro e do desgaste emocional causados pelo processo judicial, a livre escolha de um mediador e a garantia de privacidade, confidencialidade e sigilo, além de desafogar o Judiciário.

Com a mediação, os conflitos passam a ser concluídos de maneira mais leve, com respeito às divergentes opiniões (que, sem dúvida, nos fazem crescer como seres humanos) e a participação ativa dos envolvidos nas melhores decisões.

Até aqui, essa é a história de minha trajetória profissional e eu sigo honrando e agradecendo a Deus e aos meus familiares, por tudo!

Referências

PIZZATTO, B. *Constelações familiares na advocacia: uma prática humanizada*. 2. ed. Joinville: Manuscritos, 2018.

ROMA, A.; QUEZADA, F. *Pensamento sistêmico – abordagem sistêmica aplicada ao Direito*. São Paulo: Leader, 2019.

STORCH, S.; MIGLIARI, D. *A origem do direito sistêmico: pioneiro do movimento de transformação da justiça com as Constelações Familiares*. Brasília: Tagore, 2020.

10

A TESTEMUNHA IMPROVÁVEL

Numa cidade pacata, onde nada acontecia, ocorre um assassinato e ninguém desconfia. Seu autor pensou que seu covarde ato não tinha sido testemunhado. Que engano! Uma improvável testemunha tinha assistido a tudo. Acompanhe esta história e se surpreenda com o final.

DOMINGOS SÁVIO ZAINAGHI

Domingos Sávio Zainaghi

Mestre, doutor em Direito do Trabalho (PUC-SP), pós-doutor em Direito do Trabalho pela Universidad Castilla – La Mancha, Espanha. Pós-graduado em Comunicação Jornalística pela Faculdade Casper Líbero. Pós-graduado em Ciências Humanas – PUC-RS. Membro da Academia Nacional de Direito Desportivo – ANDD. Membro da Academia Paulista de Direito. Membro da Academia Paulista de Letras Jurídicas – APLJ. Membro da Academia Internacional de Literatura Brasileira. Presidente honorário do Instituto Iberoamericano de Derecho Deportivo – IIDD e da Asociación Iberoamericana de Derecho del Trabajo y de la Seguridad Social – AIDTSS. Professor *honoris causa* da Universidad Paulo Freire, da Costa Rica. Advogado inscrito na Subseção Tatuapé da OAB-SP. Membro da União Brasileira de Escritores e da Associação Brasileira de Advogados. Membro da Sociedade Amigos do Exército em São Paulo – SASDE, professor do UNIFIEO e da Faculdade Legale. Advogado. Palestrante internacional, escritor e jornalista.

Contatos
www.zainaghi.com.br
nucleozainaghi.com.br
zainaghi@zainaghi.com
11 98281 0555

A vida era tranquila em Cinelândia, uma pequena cidade no interior do Mato Grosso do Sul.

O nome foi dado por conta de um morador que, no início dos anos 1950, levou ao lugar um circo mambembe que, durante 30 dias, exibiu o filme *Tempos modernos*, de Charles Chaplin, sempre após duas horas de outras atrações e quase sempre para os mesmos espectadores.

Na época, não era uma cidade, mas uma pequena vila, que tinha o nome de Arraial de Nossa Senhora do Bom Parto. Anos depois, o nome foi mudado.

Estamos em 1993, e Cinelândia tem pouco mais de três mil habitantes. Ali, existe uma igreja católica, três igrejas evangélicas, uma escola de ensino básico e fundamental, a delegacia de polícia e não tem cinema, o que é um contrassenso com o nome da cidade.

Para quem ali chega ou simplesmente passa por lá, a sensação é a de que entrou em um túnel do tempo e desembarcou no início do século XX.

A delegacia tem uma cela, a qual raramente tem ocupantes. Além do delegado, ali trabalham um escrivão e um investigador; e quase não existe algo para o primeiro escrever e o segundo investigar.

Dizem que os policiais que são designados para Cinelândia estão sendo castigados, pois nada têm o que fazer na maior parte do tempo.

Histórias importantes demais para ficarem no anonimato

O prefeito é um jovem de 32 anos, que sequer terminou o ensino médio, e ganhou as últimas eleições com uma diferença de 87 votos para o segundo colocado, o farmacêutico da cidade, dr. Valdemar, assim chamado, pois ministra remédios para os habitantes de Cinelândia, o que lhe garantia uma renda razoável. Jamais cobrou pelas "consultas", mas vendia muitos remédios.

Cinelândia tem cinco vereadores, todos do partido do prefeito, os quais se reúnem uma vez por semana, quando é tocado um disco de vinil com o hino nacional, e a partir daí são discutidos os mais variados assuntos, poucos de interesse do município. A bem da verdade são conversas sobre futebol, prostitutas e cachaça.

O lugar é quente e úmido, o que o torna propício à preguiça.

A economia da cidade gira fundamentalmente em torno da produção de milho, feijão e de algumas roças de amendoim.

Existe um pequeno armazém, onde quase todos da cidade fazem compras de produtos para alimentação.

Os moradores também são pessoas tranquilas.

Mário "Preguiça" era o mais tranquilo e pacato dentre todos os moradores de Cinelândia.

Sérgio "Garganta" era o mais, digamos, arrogante e sempre contava mil histórias na praça da cidade ou no botequim do seu Orosimbo, nos finais de tarde ou nos fins de semana.

Tinha também o Adalberto "Formosura", cujo apelido era por conta de sua feiura; um sujeito com as maçãs da face estufadas e as bochechas "chupadas", além de que, quando sorria, aparecia apenas um dente enorme na frente; aliás, o único que ele tinha na boca, aos 52 anos de idade.

Dentre todas as figuras que merecem destaques em Cinelândia, uma especial era o Paulinho, um jovem de 35 anos que se destacava pela cultura superior à média dos moradores da pacata cidade. Ele fora enviado pelos pais, quando tinha 11 anos, para estudar o ginásio, em São Paulo, morando na casa de uma tia materna durante os quatro anos do curso. Terminado o curso, ele regressou a Cinelândia. Ter o ginásio naqueles tempos era algo grandioso, pois a maioria dos habitantes cursava até o quarto ano do Grupo Escolar Albino Alberto, e saber ler e escrever era o máximo que almejavam em cultura os que dali não pensassem em sair.

Paulinho, desde os 16 anos, ajudava o pai, que era sitiante e tinha uma pequena quitanda no centro de Cinelândia, onde vendia a produção de sua roça.

A vida passava em câmera lenta naquele lugar. Os assuntos mais corriqueiros eram sobre a novela do momento ou sobre a política do lugar, na qual se revezavam na prefeitura as famílias Antunes e Silva, isso há décadas e, portanto, por muitas gerações. Mas tudo de forma pacata, e os ânimos não se exaltavam durante ou após as eleições. Até existia uma desconfiança de que era tudo combinado: uma vez um prefeito dos Silva e outra, dos Antunes.

Apesar do clima pacato da localidade, isso não impedia que as pessoas tivessem sentimentos ruins.

Fofocas, maledicências, ciúme, inveja e outros sentimentos nada nobres evidentemente ocupavam espaço na mente e no coração de algumas pessoas.

Mário "Preguiça", nos seus 47 anos de idade, nunca se casou, pois não era simpático; era grosseiro com as mulheres e machista empedernido, além de não ser bonito, rivalizando no quesito feiura com Adalberto "Formosura".

Bem diferente do Mário era o Paulinho; educado e gentil com todos, por não ser feio, atraía com seu jeito a atenção das mulheres. Não era mulherengo, mas muito namorador, só que não se firmava com nenhuma dessas namoradas. Era, na verdade, volúvel, e dizia que esperava o dia em que uma mulher lhe arrebatasse o coração, quando, então, se casaria.

Esse sucesso com as mulheres fazia com que o Mário sentisse inveja do Paulinho. Só que não deixava transparecer, mas o deixava doente por dentro.

Quando estavam todos no botequim do seu Orosimbo, bastava o assunto mulher surgir para que todos falassem do Paulinho; como podia um homem atrair tanto as mulheres sem qualquer esforço? Como podia ele esnobar a mulherada: será que era florzô? Não, ninguém em sã consciência acreditava nisso, pois ele na verdade era muito exigente, e talvez até ficasse feliz em escolher com que mulher se relacionar.

Mário, no fundo, odiava o Paulinho. E quando surgia o assunto relacionado a este, ele procurava fugir da conversa. Jamais criticou Paulinho ou disse algo sobre sua masculinidade. Seu ciúme e ódio eram conhecidos somente por ele mesmo.

O ódio e o ciúme não estavam mais sendo suportados pelo Mário. Algo tinha de ser feito, pois aqueles sentimentos estavam levando-o à loucura. Já sequer dormia a noite inteira e até o apetite diminuiu.

Sua cabeça passou a buscar uma solução para aquela situação. Pensou em sair de Cinelândia, mas para onde, já que não tinha nenhuma formação, além de faz-tudo. Não tinha nem parentes ou amigos em outros lugares.

Mas definitivamente ele e Paulinho não poderiam viver em Cinelândia. Um teria de sair dali, nem que fosse morto, e não seria, Mário.

Matar o Paulinho passou a ser considerada a única opção. Mas como fazer isso sem levantar suspeitas em uma cidade tão pequena, onde ninguém se lembra de quando ocorreu um homicídio?

Só tinha uma forma: atrair Paulinho para uma emboscada.

Mário gostava de caçar porco-do-mato, e sabia que era também um gosto do Paulinho. Pergunta daqui, assunto dali, Mário descobre que Paulinho, nos domingos pela manhã, saía para caçar nas matas próximas ao Ribeirão dos Aflitos, um local distante da cidade.

Mário, que vivia sozinho em uma casinha em uma chácara próxima à área urbana, arquitetou um plano. Iria sair ainda no escuro do fim da madrugada, e iria para as matas onde Paulinho sempre caçava aos domingos.

E assim o fez; saiu por volta das quatro horas da manhã e foi para a mata. O dia raiou e nem sequer sinal de Paulinho ou de qualquer outra pessoa. De onde Paulinho morava, ele só poderia acessar a mata por onde Mário estava de tocaia.

A fome já estava chegando e, com a raiva, parecia maior ainda. Mário já ia se preparando para sair da mata quando escutou barulhos de gente andando. Era ele, o Paulinho!

E agora, como matar o homem? Mário deixa Paulinho passar por ele e, quando isto acontece, ele grita:

— Paulinho!

— Oi, Mário, o que você faz aqui? Veio caçar porco-do-mato que nem eu? Nunca te vi por aqui!

— Vim caçar, sim, mas não porco, e sim um sujeitinho metido a Dom Juan que esnoba as mulheres e não as deixa se interessarem por outros "homi" que nem eu.

E aponta arma, uma espingarda calibre 22, para Paulinho. Este, assustado e incrédulo com a situação, não esboça nenhuma reação. Sua arma, igual a do Mário, estava pendurada no seu ombro direito, e não existia qualquer chance de pegá-la para reagir sem que Mário atirasse antes.

— Pare com isso, meu amigo.

— Não sou seu amigo. Vou acabar com sua vida de galã! Seu merdinha. Quero ver se, do inferno, "ocê" virá conquistar alguma das nossas "muié"!

— Mário, o que é isso? Pare com essa besteira, vamos conversar.

— Conversar? "Num" tem conversa. Sua hora chegou.

— Você me mata e vai pra cadeia, homem.

— Sem prova, não tem cadeia "arguma".

— Mas tem testemunha.

Histórias importantes demais para ficarem no anonimato

— Vai me dizer que Deus virá testemunhar contra mim?
— Não, mas ele, sim.

E aponta para o lado esquerdo de Mário. Um porco-do-mato estava há uns dez metros de distância daquela cena, assistindo a dois homens que supostamente seriam caçadores que o matariam e nada fez, a não ser olhar com atenção a situação.

Mário se pôs a rir.

— "Ocê" é um idiota mesmo! Se acha melhor que os outros só porque estudou em São Paulo.

— Não precisa de estudo para perceber que aquele bicho testemunhará contra você.

— Cala a boca, filho da puta! Joga sua arma para cá, bem devagar.

Paulinho tira sua arma do ombro e a arremessa aos pés de Mário, que a pega com a mão esquerda. Engatilha-a e rapidamente a coloca em seu braço direito a mira e dá um tiro certeiro na cabeça de Paulinho.

Mário checou o corpo e se certificou de que o objeto de seu tormento estava realmente morto.

Ato contínuo, Mário deixa a arma do lado do corpo de Paulinho para supostamente parecer que ocorrera um disparo acidental, apesar de que, se fosse feita uma investigação simples, se chegaria à conclusão de que seria impossível um tiro acidental acertar no meio da testa de alguém, se disparado pela própria vítima.

Mário volta para sua casa, come algo e se deita para descansar um pouco. Só que dorme um sono profundo e só acorda às 18 horas, e isso porque escuta palmas no portão de sua casa.

Levanta-se para atender. Era o Adalberto "Formosura", que estava preocupado com a ausência do amigo Mário no botequim do seu Orosimbo, pois, nos domingos à tarde, os dois sempre jogavam bilhar no botequim, valendo a rodada de pinga com gengibre.

Mário, assustado, disse que depois do almoço tinha se deitado um pouco e pegara no sono.

— Mas como se "ocê num" é de "durmi" depois do "armoço"? Disse Formosura.

— Sei lá, às vezes isso acontece.

— "Báo", se "ocê" tá bem, fico "sussegado".

— Amanhã a gente conversa melhor – afirma Mário, dando a entender que queria sossego.

Segunda-feira, amanhece, todos saem para seus afazeres e acham estranho que a quitanda da família do Paulinho não estava aberta, como ocorria todos os dias.

Seu Orosimbo pede que sua esposa vá até o sítio da família de Paulinho para saber se está tudo bem.

Dona Terezinha, esposa de seu Orosimbo, volta com a notícia de que o Paulinho estava sumido desde domingo pela manhã, quando saiu para caçar e não tinha voltado. Seu pai e duas irmãs de Paulinho saíram no fim de tarde de domingo para procurar o irmão, mas não o encontraram, até porque logo escureceu.

Sabendo disso, alguns moradores de Cinelândia saíram para ajudar na procura do rapaz.

Como ele fazia um caminho conhecido, rapidamente o corpo de Paulinho foi encontrado. Uma de suas irmãs desmaia ao ver o corpo do irmão sem vida.

A polícia é avisada. A cidade cai na incredulidade. Será que foi acidente? Será que ele se matou? Ou foi assassinato?

Uma polícia que não tinha quase trabalho, de uma hora para outra, se vê diante de uma morte misteriosa.

O delegado afirma que o que ocorreu foi um acidente. Paulinho estaria montando uma armadilha e a arma disparou. E ponto-final. Seu corpo foi sepultado na terça-feira. E a versão do delegado não foi contestada por ninguém.

Mário acompanhou o velório junto com toda a cidade e, incrivelmente, até o caixão fez questão de carregar.

A família de Paulinho estava inconsolável, bem como todas as mulheres solteiras da cidade.

Ninguém suspeitou de que fora um assassinato.

Mário estava sossegado e voltou a ter paz, pois seu objeto do ódio e de inveja já não existia mais.

Dois meses após o assassinato, um dia, à tarde, Mário voltava da labuta em uma roça de milho, quando escutou um barulho num arbusto: era um porco-do-mato, que o mirava com semblante de indignação. Imediatamente, Mário se lembrou do animal do dia do assassinato de Paulinho. Não poderia ser o mesmo. Era coisa de sua cabeça. Como estava desarmado, apenas tratou de afugentar o animal, que, após lhe ser arremessada uma pedra, se afasta e some.

Mário riu de seus pensamentos. Imagine que era o porco-testemunha...

Ao entrar em sua casa, escuta som de queixada, típico de porco-do-mato.

Ao sair, agora com sua espingarda, se depara com o porco que o tinha seguido.

— Isso não é possível – diz em voz alta a si mesmo. Porco-do-mato não é sociável e não se aproxima de seres humanos, ademais, sempre anda em bando.

Mário prepara a espingarda e, quando vai atirar, o animal desaparece.

Esse fato deixa Mário, pela primeira vez, desconfortável com a situação. Será possível que esse porco seja o mesmo do dia do assassinato?

"Que absurdo", pensa Mário, e ri sozinho. Mas agora, um riso de nervosismo.

No dia seguinte, bem cedinho, Mário, depois de tomar seu café adoçado com rapadura e comer um pedaço de pão com manteiga, ao sair de sua casa, se depara com o porco-do-mato parado a uns 50 metros de distância, a olhá-lo fixamente.

"Não pode ser o mesmo porco-do-mato", pensa ele. "Estou vendo coisas".

Mario não se preocupa e sai de sua casa, passando pela porteira da chácara, mas o porco ficou inerte onde estava.

Mário foi embora para a roça de milho, e nem bem começa a lida, ele olha ao longe: o porco estava parado, olhando em sua direção.

Um companheiro lavrador percebe que algo estava acontecendo.

— O que você tem?

— Nada. Pensei ver um porco-do-mato ali no finalzinho da roça.

O companheiro olha na direção indicada e nada vê.

— Não tem nada ali.

— Sim, ele já se foi.

— Não é caso de ficar assustado desse jeito.

— Verdade. Não sei o que me deu.

No fim do dia, na volta para casa, e no mesmo lugar do dia anterior, o porco-do-mato estava ali.

Desta vez, Mário estava armado e atirou, mas não acertou o porco, que saiu correndo e desapareceu.

Desta feita, Mário ficou nervoso e, ao adentrar em sua casa, fechou as portas; certificou-se de que as janelas também estivessem bem fechadas. Preparou algo para comer e foi dormir.

No meio da madrugada, ele acorda escutando o som de queixada do porco-do-mato.

Olhou pela fresta da janela do quarto e viu um vulto de animal próximo à sua casa. Os olhos refletiam a luz da lua cheia, uma visão que lembrou a ele o capeta.

Não conseguiu mais dormir.

O dia raiou. Desta vez, não teve fome. Sequer se lembrou de preparar a comida que levava todos os dias para a roça.

Histórias importantes demais para ficarem no anonimato

Ao chegar, seu companheiro de labuta percebeu que Mário não estava bem. Viu que ele sequer tinha trazido sua comida.

— O que você tem, meu amigo?
— Acredita que aquele porco foi à minha casa de madrugada?
— O quê? Como assim?
— É isso, ele foi de madrugada e ficou parado diante da janela do meu quarto. Hoje de manhã, ele não estava mais lá.
— Você tem certeza disso?
— Claro, não ia imaginar isso. Estou ficando preocupado com esse porco.
— Assustado? Tenha dó. Mete uma bala na fuça dele e coloque ele na panela.

No final do dia, Mário volta para casa, agora faminto, pois trabalhou o dia inteiro sem nada na barriga.

Ficou atento todo o caminho até sua casa, e nem sinal do porco.

Preparou sua comida e a comeu com gosto. Assim que se preparava para deitar, escuta o barulho típico de porco-do-mato.

— Agora, chega. Vou acabar com você, seu diabo dos infernos.

E sai armado de casa, mas não vê o animal. Regressa para o interior da casa, fecha a porta e o barulho volta. O porco regressou. Agora, ele olha pela janela da cozinha e vê o animal bem próximo da casa.

Mário sai armado e aponta sua arma, atira e não acerta o porco, que foge novamente.

E assim ocorreu durante 20 dias seguidos, o porco-do-mato aparecia diante de Mário pela manhã ou à noite, sempre sem ninguém a vê-lo, somente ele.

Mário nem mais saía para jogar bilhar no botequim do Orosimbo, e nem para tomar uma pinguinha com gengibre.

Todos passaram a estranhar as atitudes de Mário. Começou a se espalhar a notícia de que ele via um porco-do-mato que o perseguia, mas ninguém o via.

Será que estava ficando louco? Mas era novo para endoidar!

Mário já não conseguia ficar sozinho em sua casa. Começou a ter medo. Ele tinha um irmão que também morava em Cinelândia, mas era casado e tinha cinco filhos, não existindo espaço para que Mário ficasse na casa do mesmo.

Mário já não dormia, pois quando o sono chegava, com ele vinha o porco-testemunha do assassinato que ele cometera.

Tudo foi piorando, Mário abandonou o trabalho. Ficava o tempo todo em casa e praticamente não dormia. Foi emagrecendo, perdendo as forças, pois não se alimentava mais.

Sumiu de tal forma que um dia as pessoas resolveram procurá-lo, pois não saía de casa para nada, nem trabalhar, fazer compras, ir ao botequim ou à venda, enfim, nada. Ninguém o via tinha muito tempo.

Seu irmão e dois amigos foram até sua casa. Bateram na porta e nada de abrir.

Resolveram ir até a delegacia e contar tudo para um investigador. Este ligou para o delegado, que, com muita má vontade, acompanhou as pessoas à casa de Mário. Arrombada a porta, tudo estava arrumadinho na salinha e na pequena cozinha. Abriram a porta do banheiro e nem sinal de um ambiente mexido. Foram ao quarto e ali a surpresa: Mário estava sentado na cama, olhos esbugalhados, magérrimo, pálido e nada disse. Levaram-no para o dr. Valdemar, que recomendou que o levassem para a Santa Casa da cidade vizinha, pois com certeza Mário tinha perdido juízo.

Mário foi internado em um sanatório e nunca mais falou com ninguém. Ficou louco.

Nunca se descobriu nada sobre o assassinato de Paulinho, nem a razão de Mário ter perdido o juízo.

Coisas da pacata Cinelândia!

ATITUDE, COERÊNCIA E ESTRATÉGIA
3 PILARES PARA TRANSIÇÕES DE SUCESSO

Desde criança, eu tinha sonhos profissionais, porém, mais voltados para o lado artístico. Na infância, queria ser bailarina; na adolescência, atriz, depois cantora e, no ensino médio, jornalista. Com o passar dos anos, os sonhos foram tomando forma e as experiências profissionais começavam a dar pistas sobre qual era o meu propósito.

GIZELIA BERNARDES

Gizelia Bernardes

Graduada em Administração de Empresas. MBA em Marketing e *Branding*. Pós-graduada em Neurociência, Psicologia Positiva e *Mindfulness* pela Pontifícia Universidade Católica do Paraná (PUC-PR). *Coach* pelo Instituto Brasileiro de Coaching (IBC). Autora do artigo acadêmico publicado em 2018: "Desafios e oportunidades da venda de seguros no Brasil" – Revista *Cadernos de seguro*. Especialista em vendas, com mais de 17 anos de experiência na área comercial. Dez anos de experiência em treinamentos corporativos de equipe. Palestrante, mentora de carreira e de vendas. Em fevereiro de 2023, fez transição de carreira da indústria farmacêutica para se dedicar aos projetos de desenvolvimento humano. Em maio de 2023, realizou *workshop* de lançamento do projeto "Profissional Desejável".

Contatos
gizeliabernardes@hotmail.com
gizeliabernardes.com.br
Instagram: @gizabernardess
LinkedIn: Gizelia Bernardes
YouTube: @gizeliabernardes

Gizelia Bernardes

Nem sempre será possível exercer profissões relacionadas às nossas aptidões ou desejos devido a uma série de questões como, por exemplo: a mulher que teve que protelar o sonho da carreira por conta de uma gestação não planejada; filhos que assumiram papéis que eram dos pais; a enfermeira que gostaria de ter sido médica e, devido a outras prioridades ou até mesmo à escassez financeira, acabou mudando de ideia ou desistindo do próprio sonho.

Na verdade, todas as mudanças que ocorrem durante a nossa trajetória de vida fazem parte do processo evolutivo que, a depender de como as pessoas enxergam essas situações, podem impulsioná-las a alcançarem novos níveis ou paralisá-las.

Sempre fui chamada de corajosa e determinada; de fato eu me sinto assim, pois, ao longo da minha jornada profissional, fui tomando decisões desafiadoras, mas sempre pautadas em três pilares:

1. Atitude: ela nos permite sair da inércia para lutar pelos sonhos e objetivos.
2. Coerência: contribui para decisões lógicas e transmite autenticidade. Todas as vezes que eu pensava em fazer transição de carreira ou me deparava com uma proposta de emprego, eu as avaliava e procurava entender sobre o negócio para ver se estava dentro do meu perfil e se corresponderia às expectativas de ambas as partes.

3. Estratégias são fundamentais: pois exigem análises minuciosas para mensurar riscos, determinar prazos e definir a melhor forma de fazer algo.

Neste capítulo, irei contar um pouco sobre os principais aprendizados adquiridos durante a minha trajetória profissional e sobre a importância de se fazer transições conscientes e responsáveis para ter uma carreira de sucesso.

Meu primeiro emprego de carteira assinada foi em 2002, como atendente de telemarketing em uma empresa de telecomunicações. Na época, precisei fazer a minha primeira escolha profissional: sair do estágio em um shopping da cidade, no qual eu ganhava uma bolsa de 150 reais para ganhar o dobro. Lembro-me de que meu teste de digitação para entrar naquela empresa não foi bom, porém a minha força de vontade de aprender fez com que o diretor daquela empresa me dissesse: "A vaga é sua, você tem brilho nos olhos e vai longe".

Ali aprendi a primeira lição: uma boa entrevista começa com "brilho nos olhos"; esse contato visual nos conecta com o entrevistador, então, precisa-se transmitir autenticidade no que está sendo falado.

Comecei a trabalhar, aprendi a digitar rápido e fui conquistando meu espaço. Desse emprego, veio a primeira conquista: a compra do meu primeiro celular, aos 17 anos. Talvez para os dias de hoje isso seja inimaginável, já que crianças da atual geração têm celular, tabletes e uma série de eletrônicos.

Após um ano na empresa, a mesma passou por uma série de mudanças, inclusive geográfica. Tornou-se inviável continuar ali, então optei por não renovar o contrato, mas permaneci com minha fé inabalável, sabia que logo me recolocaria novamente.

Passado alguns meses, recebi convite para participar do processo seletivo de uma empresa de telefonia celular para trabalhar na área de vendas. Fiquei animada, porém com um pouco de insegurança, pois nunca havia trabalhado com vendas.

Gizelia Bernardes

No início, não foi nada fácil: metas desafiadoras, as adversidades eram muitas, mas a sensação de dever cumprido a cada meta alcançada, com premiações e reconhecimento que chegavam, era sensacional.

Com o passar dos anos, fui me tornando mais habilidosa com os argumentos de vendas, comunicação e fazendo *networking*.

As oportunidades foram surgindo, eu avaliava os riscos e me permitia tentar. Em 2007, começa a realização de um sonho. Desejava cursar Psicologia, mas como não tinha esse curso na faculdade em que eu queria estudar, escolhi Administração. Trabalhava para pagar a faculdade, minhas despesas pessoais e ainda ajudava nas despesas de casa, pois meus pais eram separados. Foram tempos difíceis, mas nunca pensei em desistir dos meus sonhos.

Depois de quase cinco anos no ramo de telefonia celular e de ter passados por algumas operadoras, eu estava cansada de ter que trabalhar aos domingos e feriados, não queria passar a vida toda no mesmo lugar. Entendia que isso fazia parte do processo para eu chegar aonde desejava, mas senti a necessidade de mudar.

Nessa época, eu trabalhava no principal shopping da cidade. Não tinha final de semana, não conseguia me dedicar aos estudos, quase não conseguia ir às visitas técnicas da faculdade, não tinha tempo para mim, nem para minha família.

Fiquei sabendo que o gerente queria demitir um colega que estava com baixo desempenho e eu sabia o quanto o colega gostava daquele lugar.

Vi naquela situação uma oportunidade, procurei o gerente de quem todos tinham medo e falei a verdade, que precisava do emprego para pagar a faculdade, mas queria correr o risco de procurar outro em que eu não trabalhasse aos domingos, para poder melhorar meu rendimento nos estudos. Ele elogiou minha postura e transparência e fizemos um acordo. Naquela mesma semana, consegui sair para tentar novas possibilidades.

Histórias importantes demais para ficarem no anonimato

Na telefonia celular, aprendi várias lições, entre elas: técnicas de vendas e negociação.

Quando entendemos o processo, a jornada fica mais leve e as possibilidades se ampliam.

Como sempre gostei de trabalhar, nunca fiquei parada; então, após o desligamento da empresa, comecei a enviar currículos e me cadastrar em sites de emprego, como: vagas.com e Catho, e atualizei meu perfil do LinkedIn.

Alguns meses depois, faltando um mês para acabar o seguro-desemprego, comecei a me preocupar e fiz uma oração em silêncio dentro de uma loja de departamento, pedindo a Deus uma luz. Naquele mesmo dia, recebi uma ligação de uma concessionária para fazer uma entrevista. Sei que nem todos acreditam, mas foi um ato de fé.

É gratificante quando vemos nossa oração ser atendida, o mais incrível é que até hoje não sei como meu currículo foi parar lá, nunca havia imaginado ser vendedora de carros.

Preparei-me no dia seguinte e fui fazer a entrevista. Chegando lá, o gerente colocou várias situações hipotéticas e falou que se eu não batesse a meta em três meses, era demissão. Confesso que senti um pouco de medo da abordagem do gerente; ele disse que naquela concessionária só tinha homem, porém ele queria uma mulher na equipe que ficasse entre os primeiros no *ranking* de vendas.

Ele me desafiou e eu precisava do emprego, então disse para ele: "Eu nunca trabalhei com carro e ainda não possuo um, mas te garanto que darei o meu melhor para ser referência nesta concessionária".

Finalizado o processo seletivo, a empresa entrou em contato para me dar os parabéns, pois havia sido aprovada no processo. Na vida é assim: somos colocados à prova o tempo todo, é preciso ter muita resiliência para não desistir.

Trabalhei nessa empresa por quase dois anos, e posso dizer que foi uma das experiências profissionais mais desafiadoras que já vivenciei. Passei por alguns preconceitos: clientes que só queriam ser atendidos por vendedores homens, gerente que comparava grau de capacidade entre colegas. Mas eu rompi todas essas barreiras, estudei tudo sobre a marca e modelos, concorrência, perguntei, observei e aprendi a criar oportunidades e estratégias de vendas.

Em três meses, já estava atingindo as metas entre os primeiros em vendas. A estratégia era a venda bem feita, personalizada, entregas dentro do prazo e negociações ganha-ganha, nas quais as duas partes saem felizes. O resultado eram clientes satisfeitos que me recomendavam para seus amigos, familiares e colegas de trabalho.

Dessa experiência, tirei as seguintes lições:

Aqui vendemos sonhos.

A cada meta atingida, você conquista sua empregabilidade.

Minha graduação chegou ao fim e eu, apesar de trabalhar com carros, ainda não tinha o meu; com a conclusão do curso, a compra de meu veículo seria meu próximo passo.

Algumas semanas depois, estava de férias e recebi a ligação de um banco me convidando para uma entrevista de emprego. Detalhe, eu tinha entregado o currículo quase dois anos atrás, nem estava acreditando que aquele gerente, que nunca vi na vida, havia guardado meu currículo.

Fiz todos os processos e provas; tinha mais de 30 pessoas concorrendo, porém só havia duas vagas. Eu queria muito aquela oportunidade, pois iria ter um salário melhor, com bons benefícios.

Depois de uns 15 dias, recebi a notícia da aprovação. Fiquei tão feliz! Fui pedir a demissão ao meu gerente, que já era outro na época, e até ele ficou feliz por mim.

Nesse processo seletivo, aprendi a seguinte lição: não duvide da sua capacidade, você é mais que uma indicação.

Comecei a trabalhar e fiz logo um consórcio e, com o primeiro salário, já comecei a guardar um percentual para o lance. Depois de um ano, consegui dar lance e fui contemplada. Enfim, agora poderia comprar meu primeiro carro.

Trabalhei no banco por quase três anos. Logo no primeiro ano como contratada, tive um acidente de trabalho no exercício de minha função. Foi um susto muito grande, quase tive perda total da visão do olho direito.

Minha vida parou por três meses para a recuperação da córnea. Por um momento, meu desejo de fazer carreira no banco havia sido interrompido, mas ainda assim era grata a Deus por não ter sido algo pior.

Lição que aprendi da experiência como um todo: ser resiliente.

Em 2013, fui dispensada do banco devido uma crise nacional e fui em busca de novas oportunidades. Fiquei extremante triste, fui pega de surpresa, mas hoje consigo ver claramente o quanto aquela demissão me fez avançar e me possibilitou viver desafios maiores, que me lapidaram e não deixaram que eu ficasse na zona de conforto.

Quando recebia uma proposta, analisava todo o contexto, que vai além do financeiro, mas acima de tudo me questionava o que iria ganhar em termos de oportunidade, se aquele ambiente seria um bom lugar para mim e se estava alinhado com meu propósito. Contudo, fui tendo sucesso e evoluindo como pessoa e profissional, mas as decisões eram sempre sobre abrir mão de onde eu estava para arriscar uma nova oportunidade. Apenas duas vezes precisei sair sem ter nada em vista, devido à situações pontuais, mas logo me recoloquei e uma vez fui desligada sem esperar.

Tive a oportunidade de trabalhar em mais três segmentos após a saída do banco: cosméticos, seguros e, de julho de 2019 a fevereiro de 2023, na indústria farmacêutica.

Ao longo de 2022, vivi um conflito interno, no qual tive clareza de que onde eu estava era uma boa empresa, inclusive várias pessoas queriam estar em meu lugar. Porém eu já não estava mais feliz, meus resultados estavam excelentes, tinha um bom relacionamento com clientes e colegas de trabalho, mas a motivação era só pelo meu comprometimento, pois já não me sentia pertencente àquele lugar.

Tinha vários projetos voltados para o desenvolvimento humano e o sonho de realizar o meu primeiro intercâmbio para estudar inglês no ano de 2023.

Em 2022, ouvi algo de um primo, que mexeu comigo: nos falávamos raramente, porém ele me conhece desde criança e teve sensibilidade para perceber que eu estava pensando em todos, menos em mim. Aquelas palavras me impactaram e intensificaram o meu processo de amadurecimento da decisão, pois sempre que eu pensava em abrir mão da indústria farmacêutica para trabalhar em prol dos meus projetos de desenvolvimento humano sentia certo medo das consequências dessa renúncia, mas logo em seguida sentia como se fosse uma voz que falava ao meu coração, dizendo "cadê sua fé e coragem?", "você tem um Deus que suprirá todas as suas necessidades, Ele é o maior patrocinador dos seus projetos".

Em fevereiro de 2023, dei mais um passo de coragem na minha carreira sobre uma decisão que demorei meses amadurecendo, porém dessa vez era diferente, e senti que, aos 39 anos, estava me priorizando de verdade.

Havia me planejado para arcar com as consequências dessa decisão e já tinha um cronograma de execução, entre eles o lançamento da minha mentoria e *workshop* "Profissional Desejável".

Hoje, me sinto livre para "voar" em direção a cada sonho. Quero ser agente de transformação, poder motivar muitas pessoas a não desistirem de seus sonhos, a se planejarem e serem profissionais melhores.

Histórias importantes demais para ficarem no anonimato

Lições: acredite em seus projetos, trace estratégias para colocá-los em prática.

Seja livre para fazer escolhas, caminhos devem ser percorridos e etapas precisam ser vividas. Você é único e não está neste mundo por acaso, e sim para viver com propósito, independentemente da posição que ocupa.

12

OS "NÃOS" DA VIDA NOS ENSINAM

Na prática, ninguém gosta de levar um "não", e existem pessoas que têm dificuldade inclusive para dizer "não". Irei abordar esse assunto neste capítulo, contando histórias que talvez poucas pessoas saibam sobre mim, mas que precisam ser registradas, porque, certamente, me ajudaram a ser quem eu sou hoje, a chegar aonde estou e podem ajudar você também.

MARCELO SIMONATO

Marcelo Simonato

É graduado em Administração de Empresas pela Universidade Paulista. Possui dois MBAs, sendo um em Finanças Empresariais pela Fundação Getulio Vargas (FGV) e outro em Gestão Empresarial pela Lassale University na Philadelphia (EUA). É executivo com mais de 25 anos de experiência profissional, atuando em grandes empresas nacionais e multinacionais. É escritor e palestrante, atuando com treinamentos e palestras em todo o território nacional nas áreas de Liderança e Desenvolvimento Profissional.

Contatos
marcelosimonato.com
contato@marcelosimonato.com
Facebook: @marcelosimonato.oficial
Instagram: @marcelosimonato.oficial
YouTube: youtube.com/marcelo-simonato
LinkedIn: linkedin.com/marcelo-simonato
11 98581 4144

Em algum momento de sua vida, você já parou para pensar sobre situações que viveu no passado e que de acordo com o resultado levaram você por um caminho e, consequentemente, impactaram toda a sua jornada e fizeram você ser quem é e chegar aonde está neste momento? Permita-me contar um breve relato sobre minhas origens.

Sou descendente de espanhóis (Barreiros) por parte de mãe e de Italianos (Simonato) por parte de pai. Parece história de novela, mas aconteceu de verdade. Meus pais se encontraram em um ônibus. Minha mãe trabalhava como vendedora na antiga Casas Buri (loja de eletrodomésticos e móveis) e meu pai era ajudante geral na antiga Monark (fabrica de bicicletas) e eles tomavam o mesmo ônibus diariamente.

Em meio a muitos flertes, o namoro não demorou muito para acontecer e o noivado veio por consequência (naquela época era assim que funcionava).

Minha mãe era uma jovem muito bonita, uma das melhores vendedoras da rede de lojas em que trabalhava. Em certa ocasião, ela foi convidada a participar de um processo seletivo para ser assistente de palco do Silvio Santos no programa "Quer namorar comigo?", da emissora SBT, e acreditem: ela ganhou!

O que poderia ser uma grande alegria para todos, tornou-se um grande problema. Ao contar para o meu pai (seu noivo na época) que havia sido escolhida, acabou recebendo o seguinte recado: "Se aceitar esse emprego, eu termino o noivado!".

Imaginem vocês que minha mãe optou pelo noivado e abriu mão de uma grande oportunidade na TV. Por outro lado, se não fosse por essa decisão, eu não estaria aqui contando tal história para vocês (risos).

Por fim, eles acabaram se casando; e, em 1977, já casados há quase quatro anos, eis que este que vos escreve vem ao mundo. De uma coisa eu tenho certeza, não estou aqui por acaso, nem você que lê este capítulo neste exato momento!

Eu era um bebê muito bonito, modéstia à parte, gordinho, cabelinho loiro claro cacheado, branquinho e olhos grandes e verdes, tanto que minha mãe recebeu o convite para me levar para fazer um teste para um comercial de fraldas descartáveis da Johnson & Johnson, os famosos bebês Johnson, porém acabei não sendo escolhido. Esse foi o primeiro "não" que eu recebi na vida.

A vida segue e nova oportunidade surge em 1982, quando eu já tinha 5 ou 6 anos de idade; minha mãe me levou para participar das seletivas para fazer parte do programa ZYB Bom da TV Bandeirantes. Confesso que não me lembro claramente sobre esse processo, mas de uma coisa eu sei: eu não passei. Esse foi o segundo "não" que eu recebi na vida, porém tem um detalhe interessante nesse caso. Sabem quem estava competindo comigo e entrou nesse programa no meu lugar?

Rodrigo Faro!

Pois é, isso mesmo. Vejam que bela carreira ele trilhou e onde está hoje. Um cara do bem, o qual admiro muito e desejo tudo de bom.

Um "sim" ou "não" mudam o nosso futuro, isso é fato; porém não significa o nosso fim, derrota ou fracasso.

Na minha infância e pré-adolescência, joguei futebol e – como toda criança que joga futebol – eu tinha o sonho de me tornar um profissional; porém, desde cedo, aprendi que não adianta sonhar sem colocar a mão na massa e buscar atingir meus objetivos.

Eu treinava três vezes por semana; não me considerava um jogador excepcional, mas uma coisa eu era: disciplinado – e isso é muito importante em times de futebol e – porque não dizer – na vida. Esse é o motivo pelo qual vemos muitos meninos talentosos ficarem pelo caminho, pois não são obedientes taticamente, não respeitam a estratégia do treinador, não cuidam da sua saúde, preparo físico etc.

Muito bem, pensando em ser um jogador profissional, não adiantava eu apenas desejar ou treinar. Eu precisava ser visto pelos clubes, por isso entrei para um time de terceira divisão, chamado Juventude. Disputei o campeonato paulista na minha categoria entre 11 e 13 anos de idade e participei de algumas "peneiras", processos seletivos realizados pelos clubes. Somente no São Paulo Futebol Clube foram três peneiras, sendo que na última delas eu fiquei entre os 10 finalistas de um grupo de mais de 400 garotos. Esse foi o terceiro "não" que eu recebi na vida!

Detalhe: Quem estava em uma dessas peneiras comigo? Fábio Aurélio! Ele é quase três anos mais novo do que eu, mas chegou lá e conseguiu se tornar um jogador profissional, vindo a jogar no SPFC por três temporadas.

Não era para ser... e vida que segue.

Pensem em uma família de classe média baixa, sem nenhuma formação, sem muito dinheiro, mas com muito desejo de crescer na vida; esses foram meus pais. Aos 14 anos, vendo que não seria possível crescer profissionalmente sem estudos, e que meus pais não teriam condições de bancar tudo, decidi começar a trabalhar. O meu primeiro emprego foi como *office boy* na Fuji Film, de máquinas fotográficas. Eu trabalhava de dia e estudava à noite.

Foi um período muito difícil e cansativo, porque eu andava o dia inteiro e ainda tinha que ir para a escola à noite sem ter dinheiro para me alimentar, ou seja, eu ficava da hora do almoço até por volta das 23 horas sem comer nada, com sono e fome. Esse período foi complicado, mas não seria o mais difícil de minha vida. Aos 17 anos, passei no vestibular e fui cursar Administração e Comércio Exterior, bem na época em que o ex-presidente Fernando Collor de Melo havia aberto o mercado brasileiro para as importações e as exportações.

Já no meu segundo ano de faculdade, consegui um emprego em uma *trading* e ingressei na carreira de comércio exterior, o que para mim foi uma grande vitória. Contudo, o que eu não sabia era o que estava por vir: minha namorada engravidou.

Imaginem vocês, um rapaz de 18 anos recebendo a notícia de que a namorada estava grávida! Vocês podem dizer que isso é normal, existem vários casos, mas o que se passou comigo na sequência foi algo que provavelmente seja um caso em 1 milhão.

Infelizmente, naquela mesma época, o relacionamento dos meus pais – que já estava desgastado – chegou ao fim. Imaginem um "menino" de 18 anos tendo que apoiar a mãe e um irmão mais novo, e ainda por cima assumir uma nova família com a namorada grávida. Pois é, não foi nada fácil...

Quando você acha que tudo está tão difícil, eis que chega o dia em que tenho que conversar com o pai de minha namorada e, imaginem, ele, um pastor. Lembro-me de que tive insônia, dor de barriga, taquicardia e tudo mais.

Para minha surpresa, a conversa com meu sogro foi sensacional; ele foi muito respeitoso, sereno e atencioso. Lembro-me da seguinte frase: você não é obrigado a se casar com a minha filha. Só faça isso se vocês realmente se amarem. E foi o que fizemos. Eu disse "sim" para aquela situação.

Meus pais nos ajudaram a dar entrada em um pequeno apartamento e assim começou a nossa vida a dois, que dura até hoje.

Encurtando essa longa história, digo a vocês que me casar com a Lídia, minha melhor amiga, companheira e parceira de vida, foi uma das melhores coisas que fiz na vida, pois, graças a toda aquela situação, eu tive que acelerar o meu processo de amadurecimento, tanto pessoal quanto profissional.

Passar por momentos difíceis e ouvir um "não" pode ser difícil, mas precisamos aprender e seguir em frente. Nós também precisamos aprender a falar "não" e é sobre isso que eu trago na história a seguir.

Você se lembra do programa *O Aprendiz*, com o apresentador Roberto Justus? Pois é, fui eliminado da seleção desse programa, por não saber dizer "não".

Quando esse programa surgiu, foi algo inovador, bombástico e todos queriam participar, inclusive eu. Então, ao acompanhar a rotina dos candidatos pela televisão, a forma que o Justus conduzia a equipe na base de firmeza, agressividade e autoridade me impressionava ao ponto de me inscrever na seleção para a segunda temporada.

Lembro-me de que eu estava na casa de meu cunhado, no final da primeira temporada. Foi quando eles anunciaram as inscrições para a nova edição; então, olhamo-nos e, com coragem, fomos para a internet efetuar a nossa inscrição. Acessamos o site, preenchemos os requisitos básicos do currículo e enviamos com fé. Ter uma chance naquele programa era semelhante a ganhar na Mega-Sena.

Após seis meses, recebi uma ligação e quase caí duro: "Olá, tudo bem? Aqui é do programa *O Aprendiz* e você foi selecionado para as entrevistas presenciais do programa. Por favor, compareça no Hotel Hilton, no centro de São Paulo, amanhã às 10 horas. Venha bem trajado, e você terá 30 segundos para fazer uma apresentação pessoal". Em seguida, finalizaram a ligação.

Fui para casa, conversei com a minha esposa e ela me apoiou, incentivou e concordou que eu participasse. Então, no dia marcado, lá estava eu, engravatado, indo rumo ao Hotel

Histórias importantes demais para ficarem no anonimato

Hilton. Mal sabia que no futuro estaria compartilhando essa experiência com você, por meio de um livro.

Cheguei ao local e havia 200 pessoas no saguão, a maioria jovens bem alinhados e com a postura exigida.

Ser um dos 200 candidatos já era um privilégio, pois outros 15 mil já haviam sido eliminados por meio de seus currículos. Realmente era um negócio bem sério. Para descontrair, comecei a conversar com um grupinho aqui, outro ali, e percebi que alguns candidatos falavam vários idiomas, outros tinham MBA e experiências internacionais, o que me assustou bastante. Pensava comigo: "Onde foi que eu me meti? Estou em apuros para competir com estes grandalhões".

Então, levaram o grupo para um anfiteatro; lá estava a banca de selecionadores. O Roberto Justus não participava dessa etapa, somente os funcionários dele. Eles nos informaram novamente as regras e disseram que, após o término das apresentações, todos deveriam descer e esperar 15 minutos. Depois, cada um de nós teríamos que ligar a um ramal específico e informar o nome para saber se fomos aprovados para a próxima etapa ou não. Em caso negativo, eles agradeceriam pela participação e diriam adeus, ou seja, estaríamos dispensados.

Nas apresentações teve de tudo: mágica, malabarismo, capoeira, entre outras encenações. Em 30 segundos, cada participante tinha que usar o seu marketing pessoal. Quando chegou a minha vez, eu cantei uma moda sertaneja e relatei a minha história de vida. Para minha alegria, passei pela primeira etapa; então, subimos novamente para uma sala que tinha uma caixa cheia de tranqueiras. Cada candidato deveria pegar um item e, em dois minutos, criar um slogan para o produto. Lembro-me de que peguei um saca-rolhas.

O que eu poderia dizer de um saca-rolhas? Pensei, pensei e... Saca-rolhas tinha a ver com vinho, que combinava com namoro, que lembrava romantismo e, seguindo por essa linha de raciocínio, passei pela segunda etapa também.

De 200 candidatos, nessa terceira fase, restavam apenas 38, contando comigo. Àquela altura, já estava começando a acreditar que iria dar certo para mim e que seria um dos participantes da segunda edição do programa que dava mais audiência à época.

Na terceira fase, a banca questionou qual era o maior defeito de cada um. Pensei comigo – que pergunta fácil. Qual defeito eu poderia expor? Todos nós temos inúmeros defeitos. Pensei, pensei, e cheguei à conclusão de que responder que tinha dificuldade em acordar cedo ou de lidar com pessoas alteradas seria óbvio demais.

— Eu tenho dificuldade em dizer "não" – respondi.

E isso foi o suficiente para eu ser eliminado do programa.

Certamente, se essa não fosse a minha maior dificuldade, eu teria chegado ao final daquela seleção, e quem sabe do programa.

Depois dessa eliminação do programa, do qual desejava tanto participar, nunca mais tive dificuldades em dizer "não". Essa experiência ficou gravada em minha mente e espero que sirva de inspiração para você não desistir dos seus sonhos e aprender com o "não".

A inteligência emocional tem tudo a ver com saber dizer "não" quando necessário. Nem tudo em nossa vida se resume a dizer ou ouvir "sim". O que seria da humanidade se todas as respostas fossem "sim, sim e sim?".

Quem acompanhou o filme *Todo poderoso*, estrelado por Jim Carrey, sabe que, ao dizer "sim" a todas as orações da população, ele causou um baita problema à humanidade. O ator, encenando o papel de Deus, dizia "sim" para todos que lhe pediam. No final, isso causou um caos no mundo.

A verdade é que nem mesmo Deus diz "sim" para todas as nossas vontades, petições e atitudes, pois nem tudo o que desejamos faz bem a nós ou ao próximo. Assim devem ser os nossos procedimentos e respostas para com os outros; não podemos dizer "sim" para tudo, a fim de agradar, evitar conflitos ou fugir de se interpor.

Por isso, hoje eu digo: quando necessário, fale um "não", mas com amor!

Hoje eu falo muito mais "não" do que "sim". As pessoas têm que me convencer, persuadir e estarem embasadas para arrancar um "sim" significativo de mim.

Moral da história:

Certamente eu levei ou falei muitos outros "não" na vida, assim como recebi ou disse muitos "sim". Espero que esses breves relatos aqui registrados possam, de alguma maneira, ajudá-lo em sua jornada.

Chegou a hora de você pensar sobre sua história e os "não" e "sim" que você recebeu ou falou em sua vida, não com lamentação, tristeza ou mesmo vaidade, mas com a humildade de olhar para tais momentos e tirar aprendizados, lições para a sua vida e – quem sabe – contar para outros, assim como estou fazendo neste momento.

Lembre-se: suas histórias são muito importantes para ficarem no anonimato!

13

VIVÊNCIAS PROFUNDAS NA UNIDADE DE SAÚDE EM TEMPOS DE PANDEMIA

Experiências e impactos vividos por mim e pelas pessoas próximas a mim dentro de uma unidade de saúde, durante a pandemia da covid-19.

SIMONE LOPES

Simone Lopes

MBA em Gestão de Projetos, MBA em Gestão Pública com Ênfase em Administração, graduada em Serviço Social pelo CESCL, *leader coach* com reconhecimento internacional como MBA pela World Coaching Council e Universidade da Flórida. Tem experiência de mais de 20 anos em gestão de pessoas e gestão administrativa em empresas privadas nas áreas de saúde e mineração. Atuou como gerente administrativa de um hospital acreditado nível II, foi responsável pela gestão financeira (elaboração e gestão de orçamento anual (OPEX), DRE, RF e CAPEX), além da gestão de pessoas e desenvolvimento de líderes durante nove anos. Hoje, atua na área administrativa, financeira e RH de uma mineradora. Participou e gerenciou o desenvolvimento e a execução de projetos em setores hospitalares com fluxos de áreas físicas padronizadas pelas NR´s e RDC´s e processos e normas estabelecidos pela VISA. Elaborou e implantou fluxos, processos e documentos padronizados com objetivo de organizar os setores para Acreditação hospitalar, auditados pelo IQG para os setores ambulatorial e de urgência e emergência. Capítulos publicados: "Como ter equilíbrio e gerar resultados extraordinários" *In: Os segredos da alta performance* (Literare Books International, 2018); "Vida e equilíbrio – desafios constantes" *In: Essência humana: um mergulho no ser* (Literare Books International, 2021) e "Mãe – essência divina do ser" *In: Mãe* (Literare Books International, 2022).

Contato
simonelr001@yahoo.com.br

Primeiros impactos

Como pode a vida de um planeta parar, virar do avesso, mudar de rumo? Como um vírus poderia ter tanto impacto na vida das pessoas? Mas era assim, aquele vírus era o divisor de águas de nossas vidas.

E, naquele segundo, eu entendi, seria o meu pior momento. Nada do que fiz durante todos esses anos teria valido a pena, nada do que eu sou ou do que eu fui significaria algo diante da escuridão que se projetava a minha frente. O que nos aguardava? Neste capítulo, vou contar um pouco de como foram as experiências e impactos vividos por mim e pelas pessoas próximas a mim dentro de uma unidade de saúde durante a pandemia da covid-19.

No início de 2020, nos deparamos com diversos problemas: financeiros por causa do *lockdown*, de saúde mental e saúde pública, assim como o luto, entre outros. Cada categoria de trabalho foi acometida por uma avalanche de situações. A pandemia aumentou a intensidade das atividades de colaboradores das unidades de assistência à saúde e trabalhadores das mais diversas atividades tiveram que reinventar formas de trabalho que alcançassem seu público, para que pudessem dar continuidade à vida e se gerasse alguma forma de subsistência em situações de escassez. Até que fosse possível criar novos meios de trabalho, formas e recursos para que tudo continuasse de alguma maneira. O mundo parou; por alguns instantes, não sabíamos o que seria de nós, o pânico tomou conta de algumas pessoas, e a incerteza, de todos nós. Não tínhamos ideia de com o que estávamos lidando nem como lidar. Sabíamos que precisávamos nos proteger para que nossos familiares e amigos estivessem protegidos também. Nos tornamos frágeis e vulneráveis.

Os trabalhos nas redes de saúde foram intensificados. Todos empenhados em treinamentos, informação e cuidados, fluxos que mudavam constantemente a cada nova pesquisa realizada. Em muitos momentos, vi grandes profissionais compelidos a nos ensinar como nos manter em segurança dentro da unidade de saúde, criando meios de evitar a contaminação entre os profissionais comprometidos na linha de frente. Todos os recursos possíveis foram disponibilizados, mas o medo se misturava à necessidade de promover uma assistência de qualidade, tentando assegurar ao paciente o direito à vida.

O medo de ser infectado, a proximidade com o sofrimento dos pacientes ou a morte desses, a angústia dos familiares, a falta de medicação e outros materiais de uso médico nas redes de saúde, a sobrecarga de trabalho por falta de profissionais e plantões excessivos, preocupações com filhos, pais, maridos e pessoas queridas foram de grande peso na saúde emocional e mental do profissional de saúde, levando a um esgotamento e, muitas vezes, a afastamentos das atividades. Alguns processos de assistência ao paciente foram prejudicados devido à superlotação dos hospitais, exaustão dos funcionários e alta demanda por leitos de isolamento dos pacientes infectados, além de UTI para pacientes mais graves.

Os serviços de saúde tiveram problemas com atendimento funerários por superlotação, cemitérios sem espaço para receber os corpos que, para algumas pessoas, eram apenas estatísticas, mas cada um era parte de uma família que padecia pelo luto, principalmente pela dor de não poder se despedir do seu familiar, pois eram isolados nas UTIs devido ao alto nível de contaminação: não tinham contato com nenhum familiar, somente com a equipe de saúde, que muitas vezes era julgada pelas famílias como sem nenhuma compaixão ou empatia.

Houve problema também por falta de disponibilidade de recursos humanos e materiais, como enfermeiros, médicos, equipamentos, leitos, ambulâncias; não por falta de suporte da instituição, mas por não ter opção e disponibilidade no mercado pelo volume e procura em todo o mundo. No caso da unidade de saúde em que eu trabalhava, especificamente, foi possível rever locais de atendimento, ampliar leitos e contratar pessoas, mas mesmo assim os impactos foram sentidos de forma intensa: noites sem dormir, preocupação com a equipe e com os pacientes foram inevitáveis.

Adaptação

Com o passar dos meses, todos fomos nos adaptando e aprendendo a conviver com os riscos, dores das perdas (de pacientes, familiares e conhecidos) e reinventando formas seguras de se manter trabalhando. Áreas de atuação como educação, gestão, jurídica e pesquisa deram prosseguimento de maneira remota. Com o teletrabalho, descobrimos novas possibilidades como trabalhos em *home office* e/ou híbridos; transformaram-se salas de aula em plataformas com a educação on-line e emergencial, e os espaços de trabalho passaram a ocupar nossas casas, salas, quartos e cozinhas. Como em tudo existe oportunidade, tivemos alguns ganhos: aprendemos a trabalhar a distância, a delegar, ser criativos, mostrar que o trabalho pode ser realizado com competência independentemente de estar presente o tempo todo. Alguns trabalhadores e empresas se adaptaram bem ao trabalho de forma virtual, outros tiveram consequências por terem seu tempo integralmente ocupado pelo trabalho, filhos em casa em tempo integral, atividades escolares e pela quantidade e diversidade de coisas, e ainda ter que viver na ausência de sociabilidade.

A ausência de sociabilidade fez com que muitas pessoas tivessem problemas para retornar a suas posições e locais presenciais de trabalho. Algumas empresas tiveram que proporcionar tratamentos psicológicos aos seus empregados para que isso fosse possível. Algumas pessoas precisaram rever sua forma de encarar a pandemia e trabalhar seus medos de forma autônoma por falta de recursos e apoio profissional. É importante reconhecer que as pessoas que estão expostas a eventos que levam à exaustão são impactadas diretamente no modo de levar a vida e na capacidade de dar retorno, tanto no trabalho quanto na vida pessoal.

Segundo estudos realizados, graves e prejudiciais consequências à saúde mental daqueles que atuavam na assistência aos pacientes infectados foram também detectadas. De acordo com a pesquisa realizada pela Fiocruz, as alterações mais comuns em seu cotidiano, citadas pelos profissionais, foram: perturbação do sono (15,8%), irritabilidade/choro frequente/distúrbios em geral (13,6%), incapacidade de relaxar/estresse (11,7%), dificuldade de concentração ou pensamento lento (9,2%), perda de satisfação na carreira ou na vida/tristeza/apatia (9,1%), sensação negativa do futuro/pensamento negativo, pensamento suicida (8,3%) e alteração no apetite/alteração do peso (8,1%).

Quando questionados a respeito das principais mudanças na rotina profissional, 22,2% declararam conviver com um trabalho extenuante. Apesar de 16% desses profissionais apontarem alteração referente a aspectos de biossegurança e contradições no cotidiano, a mesma proporção relatou melhora no relacionamento entre as equipes. O estudo demonstra ainda que 14%

da força de trabalho que atua na linha de frente do combate à covid-19 no país está no limite da exaustão.

Continuando com a pesquisa realizada nos artigos da FGV e da Fiocruz, segue o resultado de uma pesquisa de uma situação frequente nos profissionais de saúde durante a pandemia.

Conforme declara a equipe responsável pelo levantamento, essas transformações decorrem de vários fatores, por exemplo, a falta de apoio institucional, segundo 60% dos entrevistados. A desvalorização pela própria chefia (21%), a grande ocorrência de episódios de violência e discriminação (30,4%) e a falta de reconhecimento por parte da população usuária (somente 25% se sentem mais valorizados) também afligem os profissionais de saúde. "O estudo evidencia que 40% deles sofreram algum tipo de violência em seu ambiente de trabalho. Além disso, são vítimas de discriminação na própria vizinhança (33,7%) e no trajeto trabalho/casa (27,6%). Em outras palavras, as pessoas consideravam que o trabalhador transportava o vírus, e, portanto, ele era um risco. Como se não bastasse esse cenário desolador, esses profissionais de saúde experienciaram a privação do convívio social entre colegas de trabalho, a privação da liberdade de ir e vir, o convívio social e a privação do convívio familiar", explica Maria Helena Machado.

A pesquisa abordou, ainda, as percepções deles acerca das *fake news* propagadas ao longo dessa pandemia de covid-19. Mais de 90% dos profissionais de saúde admitiram que as falsas notícias foram, sim, um verdadeiro obstáculo no combate ao novo coronavírus. No atendimento, 76% relataram que o paciente tinha algum tipo de crença referente às *fake news*, como a adoção de medicamentos ineficazes para prevenção e tratamento, por exemplo. A porcentagem expressiva de 70% dos trabalhadores que discordavam que os posicionamentos das autoridades sanitárias sobre a covid-19 tenham sido consistentes e esclarecedores.

Histórias importantes demais para ficarem no anonimato

O desrespeito nas redes sociais e nas instituições de saúde durante a pandemia foram intensos, causando ainda mais impacto ao que já era um grande desafio. Recepcionistas, técnicos de enfermagem, enfermeiros, médicos, profissionais de limpeza e higienização, todos, sem exceção, sofreram agressões verbais, insultos – alguns, até agressões físicas – causados pelo descontrole, medo, ausência de informação, falta de recursos e influência da mídia, que, muitas vezes, disseminava notícias sensacionalistas.

Agora enfrentamos as situações pós-pandemia de covid-19, as evidências sobre os impactos de curto e longo prazo da doença e especulações de efeitos colaterais das vacinas ainda estão surgindo. Isso nos traz grandes mudanças no comportamento e olhar médico. Muitas incertezas ainda permanecem, mas já parece ser claro para os pesquisadores que sequelas da covid-19 podem permanecer após a recuperação do indivíduo, sequelas estas que não se restringem apenas ao aparelho respiratório. Dentre os sintomas pós-covid, temos os que impactam diretamente o estado psicológico: dificuldades de linguagem, raciocínio/concentração e memória; distúrbios do sono (insônia); depressão e ansiedade.

De acordo com artigo da revista Arco (UFSM), publicado em 2 de junho de 2020, era previsto que o confinamento, distanciamento social, perda da rotina e redução nas atividades físicas, em curto prazo, traria consequências que começariam pelo aumento do estresse. O que é normal numa situação como essa. Mas o professor do Departamento de Neuropsiquiatria da UFSM, dr. Vitor Crestani Calegaro, explica que algumas pessoas poderiam ter um comprometimento psíquico além do esperado, o que pode ocasionar transtornos como o de estresse agudo, de adaptação, de ansiedade, do pânico, aumento do consumo de substâncias, depressão, entre outros.

Já em longo prazo, Calegaro destaca que poderia haver um cenário mais otimista e mais pessimista. Mesmo assim, em ambos os casos, seria esperado um aumento nos transtornos mentais. Em 2020, ele brilhantemente disse que: "Se houver realmente um grande número de mortes, somado ao isolamento social, à crise econômica, mais a questão das revoltas que podem surgir, tanto revoltas populares quanto a questão da agressividade doméstica, violência urbana e pode aumentar o número de assaltos. Isso tudo pode vir como consequência social da pandemia, dependendo da maneira como ela for conduzida ao longo do tempo no país", declara. Nos dias de hoje (2023), podemos olhar para trás e perceber que ele estava correto em grande parte de suas considerações no sentido de que a saúde mental seria abalada devido a fatores inevitáveis.

Aprendizado

Tendo em vista que todas as memórias desses dias jamais poderiam ser descritas, foram tratadas neste capítulo as situações de forma geral e de maiores impactos, e sei que provavelmente não consegui repassar nem 1% do que realmente foi vivido. Foram dias intensos, de grandes aprendizados, tive sorte de ter ao meu lado, naquele momento, grandes profissionais comprometidos com a vida e nada além disso. As lições que aprendemos devem ser trazidas para sempre dentro de nós com seriedade e respeito. Presenciamos o caos, agora é hora de viver de forma diferente, aproveitar o que ficou de melhor da tecnologia, que nos proporcionou jeitos diferentes de trabalho, de contato com os parentes distantes e até mesmo com pessoas próximas com quem não podíamos nos encontrar. O que fica é a certeza de que nada substitui o contato físico, o afago, o abraço e que não podemos perder tempo nos celulares e computadores. Devemos aproveitar a presença física das pessoas queridas, porque a vida de um planeta pode parar, virar do avesso, mudar de rumo com um vírus de uma hora para a outra.

Este é o momento de encerrar, encerrar este texto, encerrar o ciclo, encerrar as memórias. Agora é a hora de se despedir, deixando a lição do que a vida pode ensinar ou de como ela é bela e vale a pena, pois tudo é um recomeço; ou até mesmo de que o sucesso vem para aqueles que persistem. Todos nos reinventamos de alguma forma, seja para nos mantermos financeiramente, seja emocionalmente. Tudo é um aprendizado.

Como escrevi no capítulo "Vida e equilíbrio – desafios constantes" de *Essência humana: um mergulho no ser* (Literare Books International), a forma como olhamos para nosso passado nos faz o que somos hoje. Por isso, perdoar e agradecer aos outros e a nós mesmos é tão importante; afinal, não conseguimos mudar aquilo que foi vivido, somente conseguimos honrar e respeitar esses fatos como parte de nossa existência terrena. O importante não é olhar para trás e encontrar um culpado, mas olhar e entender o nosso presente e projetar nosso futuro.

Agradecimentos

Gostaria de agradecer, primeiramente, ao meu marido, Diogo, por estar ao meu lado nas noites em claro que passei ao telefone tentando fazer o melhor, dentro das poucas opções que tínhamos. Ele esteve presente o tempo todo, mesmo tendo seus próprios desafios. Agradecer a todos os profissionais que trabalharam comigo no hospital e se dedicaram a cuidar do outro sem, muitas vezes, pensarem em si próprios, inclusive à direção, pelo apoio e por tentar manter a qualidade em meio ao caos. Minha eterna gratidão!

Referências

FIOCRUZ. *Pesquisa analisa o impacto da pandemia entre profissionais de saúde.* Disponível em: <https://portal.fiocruz.br/noticia/pesquisa-analisa-o-impacto-da-pandemia-entre-profissionais-de-saude>. Acesso em: 25 set. de 2023.

FGV. *Pesquisa mostra os impactos do primeiro ano de pandemia nos serviços oferecidos pelo SUS.* Disponível em: <https://portal.fgv.br/noticias/pesquisa-mostra-impactos-primeiro-ano-pandemia-servicos-oferecidos-pelo-sus>. Acesso em: 28 set. de 2023.

LOPES, S. Vida e equilíbrio – desafios constantes. *In*: NASCIMENTO, W.; MARTHAS, M. *Essência humana: um mergulho no ser.* São Paulo: Literare Books International, 2021.

REVISTA ARCO. *Efeitos colaterais do distanciamento físico na saúde mental.* Disponível em: <https://www.ufsm.br/midias/arco/distanciamento-fisico-saude-mental>. Acesso em: 28 set. de 2023.